品质课程
实验研究
丛书

丛书主编
杨四耕

聚焦育人目标的课程设计

红棉花季课程的愿景与追求

邹福良　主编

华东师范大学出版社·上海

图书在版编目(CIP)数据

聚焦育人目标的课程设计:红棉花季课程的愿景与追求/邹福良主编.—上海:华东师范大学出版社,2019
(品质课程实验研究丛书)
ISBN 978-7-5675-9233-9

Ⅰ.①聚… Ⅱ.①邹… Ⅲ.①课程设计 Ⅳ.①G423

中国版本图书馆 CIP 数据核字(2019)第 158903 号

品质课程实验研究丛书
聚焦育人目标的课程设计:红棉花季课程的愿景与追求

丛书主编　杨四耕
主　　编　邹福良
责任编辑　刘　佳
项目编辑　林青荻
特约审读　王秋华
责任校对　胡　静
装帧设计　卢晓红

出版发行　华东师范大学出版社
社　　址　上海市中山北路 3663 号　邮编 200062
网　　址　www.ecnupress.com.cn
电　　话　021-60821666　行政传真 021-62572105
客服电话　021-62865537　门市(邮购)电话 021-62869887
地　　址　上海市中山北路 3663 号华东师范大学校内先锋路口
网　　店　http://hdsdcbs.tmall.com

印 刷 者　上海展强印刷有限公司
开　　本　787×1092　16 开
印　　张　13
字　　数　179 千字
版　　次　2019 年 10 月第 1 版
印　　次　2021 年 3 月第 2 次
书　　号　ISBN 978-7-5675-9233-9
定　　价　39.00 元

出 版 人　王　焰

(如发现本版图书有印订质量问题,请寄回本社客服中心调换或电话 021-62865537 联系)

编委会

主　编：邹福良
副主编：彭翠桑　宋丽斌
编　委：梁　惠　陈雪冰　严沛凤　陈千惠
　　　　何婉媚　嵇玉婷　张　武　陈建勋
　　　　梁嘉瑜　胡　旭　曾婉玲　（排名不分先后）

丛书总序

实践,课程最美的语言

西方课程研究已有百余年历史,对课程实践影响比较大的当属课程开发模式研究。西方课程开发模式主要有以下几种:一是目标模式,它以明确的目标为中心开展课程研制,其代表人物有博比特、泰勒和布卢姆;二是过程模式,它旨在通过详细说明内容和选择内容,遵循程序原理来进行课程研制,代表人物是斯滕豪斯;三是情境模式,它强调社会文化情境的分析,反对脱离社会现实及学校具体情境的课程方案研制,劳顿和斯基尔贝克是其主要代表人物;四是实践模式,以施瓦布为代表,他认为,通过课程审议洞察具体的实践情境,提出可供选择的方案是课程开发的重要任务。

自20世纪90年代以来,课程研究者逐渐不再局限于依据某种单一的课程理论来进行课程设计,而是根据培养目标、学习者的特点等对多种课程设计理论进行整合,以实现课程开发目标。如我国课程学者在批判继承东西方课程理论合理内核的基础上提出了"人化—整合"课程研制方法论,指出了该方法论的教育学标准、范式坐标、本质特征及框架设想。(参见郝德永在2000年于教育科学出版社出版的《课程研制方法论》。)

创新是理论研究的生命。被誉为"现代课程理论之父"的泰勒在他的专著《课程与教学的基本原理》中提出,课程研究必须关注"四个基本问题":学校应该达到哪些目标?提供哪些教育经验才能实现这些目标?怎样才能有效地组织这些教育经验?我们怎样确定这些目标正在得到实现?这四个基本问题构成了课程与教学的基本原理,为课程开发提供了坚实的理论基础和可靠的实践范式。我们提出的"首要课程原理",是置身中国课程改革实践,吸纳西方课程研究成果,采取整合融贯的思维方式,在充满张力的文化场域中进行综合创造的结果。它创造性地将泰勒的"四个基本问题"发展为学校课程实践的"五个基本原理":聚焦学习原理、情境慎思原理、文化融入原理、目标导引原理和扎根过程原理。其研究旨趣不是宏大庄严的理论,而在于回应课程变革的现实需求,更好地提升学校课程品质。

1. 聚焦学习原理:儿童成长是课程的焦点

杜威说:"儿童和课程仅仅是构成一个单一的过程的两极。"他以全新的视角揭示了一个观点,即课程内容的逻辑顺序与儿童生长的心理顺序在本质上是一致的,它们都是儿童主动活动的结果。为此,他提出要研究儿童不同发展阶段的需要与可能性,给儿童提供有助于其"生长"的课程。他说:"儿童的世界是一个具有他们个人兴趣的人的世界,而不是一个事实和规律的世界。儿童世界的主要特征,不是什么与外界事物相符合这个意义上的真理,而是感情和同情。"(杜威语)儿童需求是课程的核心,孩子们需要什么、喜欢什么,就给他配什么样的课程。杜威说:"兴趣的价值在于它们所提供的那种力量,而不是它们所表现的那种成就。"这充分体现了儿童的"兴趣"和"感情",融通了"科学世界"与"生活世界"的诉求,它让每一个孩子乐在其中,有所感、有所思、有所悟、有所得。聚焦学习,回归生长,让儿童处于课程中央,这是学校课程深度变革的追求。

2. 情境慎思原理:清晰学校课程变革的起点

课程生成于特定的时代背景与文化架构之中,是文化选择的结果,我们不能脱离社会现实及学校具体情境在"真空"中开发课程。只有在"情境慎思"的基础上,我们才能准确把握学校课程变革的宏观背景,深刻理解课程变革的文化架构,进而准确地揭示课程的本质,制定出立足在地文化资源、基于学校发展实际的课程方案。英国课程学者劳顿指出:课程开发必须关注宏观文化背景,研制课程要先进行"文化分析"。除了关注宏观文化背景,还要对学校微观情境进行分析,将关注的焦点放在具体学校和教师身上。这是英国课程学者斯基尔贝克课程开发"情境模式"之核心观点。

3. 文化融入原理:让思想的光辉映照学校课程

在不少人的眼里,课程就是分门别类的"学习材料"。当我们走出这种视野,把课程理解为每一个人活生生体验到的存在的时候,课程就具有了全新的含义,它不再只是一堆材料,而是一种"复杂的会话",一种可以进行多元解读的"文本"。通过"解读"我们可以获得多元话语,通过"会话"我们可以得到关于课程的独特理解。派纳说:"课程是一个高度符号性的概念,它是一代人努力界定自我与世界的场所。"它允许人们从不同的视域来理解课程,通过个性化的"复杂会话",课程那被久久遗忘的意义得以澄明:"学校课程的宗旨在于促使我们关切自己与他人,帮助我们在公共领域成为致力于建设民主社会的公民,在私人领域成为对他人负责的个体,运用智力、敏感和勇气思考与行动。"在这里,"课程不再是一个事物,也不仅是一个过程。它成为一个动词,一种行动,一种社会实践,一种私人的意义,一种公共的希望。"

4. 目标导引原理:让学校课程变革富有理性精神

如前所述,泰勒提出了课程开发的基本问题即著名的"泰勒原理"。由此,他建立了课程研制活动的四个基本环节:确定基本目标,选择学习经验,组织学习经验,评价学习结果。我们认为,学校课程变革不是漫无目的的"撒野",而是基于目标的牵引,匹配课程、实施课程、评价结果的过程,是让理性精神照耀学校课程变革的过程。

5. 扎根过程原理:激活学校课程变革图景

英国课程学者斯滕豪斯在1975年出版的《课程研究与研制导论》中,首倡课程开发的过程模式。过程模式重视基于"教育宗旨"的课程活动过程,强调通过对知识形式和活动价值的分析来确定内容,主张通过加强教师的发展来激活学校课程,要求教师在课程开发过程中,通过反思澄清隐含在课程实践过程中的价值要素,提升课程实践过程的价值理解力和判断力。美国课程学者施瓦布认为:课程是一个相互作用的"生态系统",它是建立在对课程意义的"一致性解释"基础上,通过这个"生态系统"要素间的相互理解、相互作用,实现学生学习需求的满足和德性的生长。因此,课程变革必须激活包括教师和学生在内的课程实践过程,回归课程的实践旨趣。

我们认为,"首要课程原理"是对课程现象、课程关系及其矛盾运动的理性认识,是建立在客观的课程事实、课程现象基础上的,通过归纳、演绎等科学方法,由概念、判断和推理构成的观念体系。它不是零碎的观点,有着自己独特的形式结构,是由不同要素构成的复杂理念系统。"首要课程原理"也是动态生成的观念系统,不是金科玉律式的教条,不是封闭的符号化知识体系,而是有待改进与完善的学校课程变革建议。"首要课程原理"具有实践浸润性,不是理论循环自证的形上之思,它是为了课程实践,通过课程实践,在课程实践中,浸润在实践与实验中不断生长的课程理论。

实践，课程最美的语言。经过十多年的实验与研究，我们深深感受到，学校课程实践的复杂性需要整合性的课程理论架构作指导。"首要课程原理"是在潜心梳理现有课程理论成果过程中，发现其固执一端的弊端而获得方法论启迪的，它是以综合创造思维对各流派课程理论进行概括、提炼与建构的结果。它是课程研制要素在时间和空间上相对稳定的联系方式的理性表达，既是从过去状况到现实经验的情境分析，也是对课程理想状态的整体设计。可以说，"首要课程原理"是课程理论的精华与课程实践的智慧，具有观点深刻性、架构系统性及实践指向性等特点。

　　"品质课程实验研究丛书"是我们运用"首要课程原理"开展课程行动研究，促进一批学校推进课程深度变革的成果。我们期望通过试验与实证、归纳与演绎，逐步完善"首要课程原理"系列命题，建立理论性与实践性并存、可重复、可操作的课程知识体系，真正提升学校课程实践品质。

　　课程是理论的实践表达，理论是实践的理性观念，让课程理论与实践良性互促是课程研究的神圣使命。富有原创性的课程理论，不仅启发无尽的思考，也启示实践的路向，激发课程变革的热情。一种好的理论，应当顶天立地，上通逻辑，下连实践，体现思辨的旨趣，充满生命活力。

杨四耕

2019 年 5 月 1 日于上海市教育科学研究院

目录

序言 / 1

总论　聚焦育人目标的课程设计 / 1

一　学校课程哲学 / 3
二　学校课程目标 / 6
三　学校课程体系 / 9
四　学校课程实施 / 14

第一章　好品格：与真好人生相遇 / 21

品格是一个人在生命中建立起来的具有稳定性和特殊性的品质。它能决定人生命运。高尚的品格能最大限度地展现出人生的价值，是个人最宝贵的财富。"好品格"系列课程以儿童的生活为基础，关注孩子的现实生活，重视生活的教育价值。该课程通过丰富多彩的活动寓教于乐，形成品格成长阶梯，逐个培养习得，帮助孩子形成好品格，帮助孩子找到正确的发展方向，积蓄竞争力，与真好人生相遇。

【课程1-1】　先行者　孙中山 / 26

【课程1-2】 我是小学生了 / 30

【课程1-3】 做一朵美丽的红棉花 / 35

【课程1-4】 毕业季 / 40

第二章 好体魄：强健我们的身体 / 45

"德、识、才、学、体"是人才必备的五个要素。其中，"体"是其他要素的物质基础。良好的体魄，能够使人才思敏捷，活力四射，保持充沛的精力和旺盛的创造力，从而担当起繁重的工作，完成艰巨的任务。健康，体现着人类对自身前途和命运的最基本关怀。"好体魄"系列课程通过体育锻炼让孩子爱上体育，学会运动，在强健体质的基础上磨炼意志、陶冶情操，促进孩子身心健康成长，达到"健身、健美、健心"的三重效果，最终使孩子能够以阳光向上、积极乐观的心态去迎接人生。

【课程2-1】 来吧，冠军 / 50

【课程2-2】 快乐足球天地 / 55

【课程2-3】 中国功夫 / 61

【课程2-4】 "绳"采飞扬 / 66

第三章 好口才：展现儒雅的修为 / 71

一个口才好的人说话能拨动人们的心弦，总是处处受到欢迎。具备良好的语言表达能力，能让自己在交往中言辞准确、应变机敏、处变不惊，展示出个人良好的修养和气度。"好口才"系列课程注重语言的积累以及对语言理解、运用能力的训练，利用各种赛事活动，增强孩子的自信心，提升孩子的组织能力、逻辑思维能力、情绪控制能力，促进孩子的全面发展。

【课程3-1】 有趣的象形字 / 76

【课程3-2】 走进成语乐园 / 81

【课程3-3】 畅游诗词天地 / 87

【课程3-4】 我是小辩手 / 93

【课程3-5】 词汇小达人 / 98

【课程3-6】 绘声绘色说英语 / 103

第四章 好才艺：美化我们的生活 / 109

法国著名剧作家阿努伊说过："生活是美好的，但它缺少形式，艺术的目标正是给生活某种形式。""好才艺"系列课程以培养学生的艺术审美为核心，以发展学生的兴趣爱好为动力，以不同形式的课程内容引导学生了解艺术的表现方式和表达方法，让学生体验艺术学习和实践活动带来的喜悦，提高个人的审美品位和审美能力，拥有创造美好生活的能力和追求高尚精神生活的品质。

【课程4-1】 小喇叭，嘀嘀嗒 / 114

【课程4-2】 小小书法家 / 124

【课程4-3】 童声嘹亮 / 128

【课程4-4】 小葫芦 真有趣 / 134

第五章 好科学：培养我们的创造力 / 141

玛丽·库克曾说："创造力就是发明、做实验、成长、冒险、破坏规则、犯错误以及娱乐。""好科学"系列课程，正给予了孩子们这样一种"发明、做实验"的机会。课程通过引导学生探究和实践，帮助学生建立科学的思维方式，学会用科学的方法观察世界，具备探究科学的能力，最终用科学改变自己的学习与生活。

【课程5-1】 走进鸟类世界 / 146

【课程 5-2】 红棉花的礼物 / 153

第六章　好思维：激活我们的灵感 / 159

　　托尔斯泰说过："知识，只有当它靠积极的思维得来，而不是凭记忆得来的时候，才是真正的知识。"思维是人用头脑进行逻辑推导的过程。只有勤于思考、善于思考，才能拥有良好的思维品质。数学是思维培养的重要载体，学好数学、用好数学有助于培养良好的思维方式与思维习惯，为建立儿童的"好思维"打下坚实的基础。

【课程 6-1】 百变魔尺 / 165
【课程 6-2】 七巧板大比拼 / 169
【课程 6-3】 小小理财师 / 173
【课程 6-4】 解题能手 / 177
【课程 6-5】 口算大师 / 181

后记 / 185

序言

"几树半天红似染,居人云是木棉花。"在下沙小学,有这么两棵木棉古树,它们历经三百多年岁月洗礼,依旧阳光向上、英姿飒飒,依然花开绚烂、生机勃勃,依然孜孜不倦地诉说着"珍惜身边的人,珍惜身边的幸福"。红棉阳光、高尚、独立、向上的形象,已然成为下沙小学文化精神的化身。

沿承百年红棉的书香文脉,融合学校、社区的人文历史,下沙小学在"阳光、向上——下沙有你真好"文化引领下,凝练了"真好教育"的教育哲学,提出了"为阳光向上的红棉人生奠基"的办学理念,构建了"红棉花季课程"。其意是让孩子在小学六年的学习生活中,在"阳光、向上"的文化熏染下,通过"红棉花季课程"循序渐进地认识自己、发现自己、成就自己,体验成长的快乐,最终让每一个孩子如一朵朵红棉那样阳光向上,闪耀不一样的生命光彩。

"红棉花季课程"突出学生核心素养的培养,是从国家课程和地方课程的校本化实施过程中整合而成的,以更适合学校的姿态出现,彰显对"红棉"成长的关注,突出了对学生"全人"的培养。"为孩子开启阳光向上的人生"是学校培养孩子幸福人生的最终目标,也决定了"红棉花季课程"的发展方向。

课程分为品格与健康、语言与交际、数学与科技、艺术与审美四大版块,旨在培养具有"好品格、好体魄、好习惯、好兴趣、好思维、好书法、好口才、好文章、好才艺、好外语"的"十好少年",实现"让每一个学生如红棉一般阳光向上"的理想。

根据"十好"课程目标,"红棉花季课程"目前已形成较为成熟的校本课程体系,本书将着重展示"好品格:与真好人生相遇"、"好体魄:强健我们的身体"、"好口才:展现儒雅的修为"、"好才艺:美化我们的生活"、"好科学:培养我们的创造力"、"好思维:激活我们的灵感"等系列课程。每系列精选若干精品课程,如"先行者孙中山"是以"见贤思齐,自我成长"为理念,学生通过自主探究,学习了解孙中山及其爱国精神、革命精神,对中国历史有更深入的认知与思考;又如,"小小书法家"以"提笔即练字"为理念,让孩子在练字过程中体会汉字书法之美,培养自信、开发智力,更能提高性情修养和文化素质,如今已成为学校的品牌课程。

如今,学校着力探索"红棉花季课程"的理论根源,梳理其实施策略,将能较好地体现学校特色文化、教育理念及目标的精品课程汇集成册,意在通过总结创建校本课程的实践经验,提供特色课程的开发案例,在引发关于品质课程、特色学校的创建等问题更深入的交流与探讨的同时,让更多的教育工作者加入课程创建的队伍中来,让更多的孩子通过品质课程而受益,获得终身发展、创造幸福生活的能力。

我们坚信,教育是以生命激荡生命;我们坚信,孩子们笑容是世间最动人的画面;我们坚信,让儿童向上生长是教育的神圣使命;我们坚信,学校是千姿百态的"红棉"生长的地方;我们坚信,关爱孩子才能让他们开出美丽的生命之花。

这是下沙小学的教育信条,愿与孜孜不倦奋战在教育前线的教育工作者们共勉。愿普天之下的孩子们都能沐浴在灿烂的阳光之下,开出美丽的生命之花!
是为序。

邹福良
2018 年 10 月

总论

聚焦育人目标的课程设计

广州市黄埔区下沙小学创建于1954年,原为"广州市黄埔区大沙镇下沙中心小学",1999年1月更名为"广州市黄埔区下沙小学"。学校位于黄埔区下沙大街38号,学区范围分别是广州市黄埔区下沙新旧村、新溪村、裕丰围村等城中村型态社区,还有交通不甚便利、四面环水的江中小岛大吉沙、生鱼洲,以及丰乐中路的零星小区。学校占地面积8 300平方米,建筑面积6 600平方米,24个教学班,学生1 070人,教职工58人,其中小学高级教师50人。广州市黄埔区下沙小学是广东省义务教育规范化学校,先后被评为"广州市中小学生施行《国家体育锻炼标准》先进单位"、"广州市青少年科技教育特色项目学校"、"优秀家长学校"、"安全文明校园"、"广东省语言文字规范化学校"、"基础教育课程改革加强思想道德教育研究重点实验学校"、"全国发展与创新实验学校"、"全国科学教育实验基地"等。

一　学校课程哲学

校园内两棵高大挺拔、阳光向上的已有三百多岁的红棉树,在孜孜不倦地诉说着"珍惜身边的人,珍惜身边的幸福"的红棉花语。我校以红棉"阳光、高尚、独立、向上"的形象,融合学校、社区的人文历史,构建了"阳光、向上——下沙有你真好"的学校文化;创作了旋律轻快、饱含真情的《下沙有你真好》的校歌以及《下沙小学红棉颂》。通过"下沙有你真好"学校文化,引领老师、家长、社区珍惜孩子的成长时光,做到——我必须是孩子近旁的一株红棉树,作为"红棉树"的形象和孩子一起成长。

学校虽然以中老年教师为主,但在学校文化引领下,教师争做孩子、家长眼中"下沙有你真好"的老师,永葆"教孩子六年、看孩子十年、想孩子六十年"的教育情怀。我们的教师团队在学校存在的价值是孩子,学校因我们的存在而发展,而成长。我校因此提出学校的教育哲学——"真好教育"。

"真好教育",就是让孩子在小学六年的学习生活中,通过"阳光、向上"的学校文化价值取向,适合的课程与课堂教学,循序渐进地体验成长的快乐,初步认知人的一生应当怎样度过——做最好的自己,做多元化的自己,做学校、社区、父母、老师、同学眼中"有你真好"的自己!

"真好教育",就是老师作为孩子身边的一株红棉,怀揣着"教孩子六年、看孩子十年、想孩子六十年"的教育情怀,恪尽职责,积极探究教学之道,提高专业素养,和孩子共同成长;关注孩子的终生发展,为帮助孩子形成好品格、好习惯,能够个性化发展,遵循教育规律,因材施教,在孩子的成长之路上,一路播撒爱的种子,做孩子眼中"有你真好"的老师!

"真好教育",就是让家长在陪伴孩子成长的时光中,作为孩子人生路上的护航者和指导者,根据孩子的特长和家长的愿望,为孩子的前程做好初步规划。身教重于言教,做有远见、有担当、有好习惯、乐读书、善沟通的"有你真好"的家长!

"真好教育",就是以环境熏陶人,以文化培育人。学校提出"为阳光、向上的红棉人生奠基"的办学理念,以红棉的精神去激励学生,最终让每一个孩子如一朵朵红棉那样阳光向上。

我们的教育信条:

我们坚信,
教育是以生命激荡生命;
我们坚信,
孩子们笑容是世间最动人的画面;
我们坚信,
让儿童向上生长是教育的神圣使命;

我们坚信，
学校是千姿百态的"红棉"生长的地方；
我们坚信，
关爱孩子才能让他们开出美丽的生命之花。

在"开启阳光向上的人生"这一办学理念下，学校提出"红棉花季课程"的理念——让每一朵红棉阳光向上。我们期望，孩子在六年的小学生活中，通过"品格与健康、语言与交际、数学与科技、艺术与审美"等"红棉花季课程"，逐步达成"十好"育人目标，人人争做阳光、向上的好少年。

课程即生命给养。生命给养，即维持生命、提高生命质量所需的物质、食物、精神等方面的储备。作为一个成长中的孩子，维持他生命与成长的，除了物质以外，更重要的是具备认识世界、改变世界的知识、能力、方法，并以此来维持未来发展的需要。学校为此设计"红棉花季课程"，让孩子在课程中学习，汲取未来生活赖以生存的营养，用以绽放美丽的人生，提高自己的生命质量。

课程即向上生长。生长，是指生物体在一定的生活条件下体积和重量逐渐增加、由小到大的过程。对于儿童而言，这也是儿童活动的过程，兴趣延续的过程，能力发展的过程，品质养成的过程。个体的生长有自己的规律，受到多种因素的影响，良好的环境对个体的成长有着重要的促进作用。学校设置的"红棉花季课程"顺应了儿童的兴趣和需要，符合儿童的发展和特点，以正面、积极的方式促进孩子的认知、体魄、个性的良性发展。

课程即个性成长。儿童个性的形成和发展要经过一个漫长的、复杂的过程。童年期，儿童的个性发展主要是在集体中进行的，因此小学阶段是儿童个性初步形成的重要阶段。教师、同伴、家长的影响对儿童道德信念的产生及其深刻性和坚定性起着决定性的作用。学校的"红棉花季课程"正是为此而设置，让学生通过课程学习，促进个体的自我意识和自我评价的形成和发展，促进道德认识和判断的发展，最终形成正确的人生价值观。

总之，"红棉花季课程"就是孩子成长的一片沃土，是帮助孩子掌握知识，进而形成能力，最终走向幸福人生的一块跳板。

二　学校课程目标

我校的育人目标是：培育阳光向上的"真好少年"，具体化为"十个好"的要求：

好品格，好体魄，好习惯，好科学，好思维（基础目标）；

好书法，好口才，好文章，好才艺，好外语（个性目标）。

前"五个好"是要求每个学生必须具备的基础目标，后"五个好"是学生个性化发展的目标，不同的学生可以根据实际情况有所侧重，设定适合自己发展的目标。学校通过"十个好"来落实"阳光向上"的价值取向，实现"为红棉人生奠基"的理念。

为了实现我校的育人目标，我们将"红棉花季课程"的目标分年级细化如下（见表1）：

表1　"红棉花季课程"各年段目标表

课程目标 育人目标	低年级	中年级	高年级
好品格	1. 主动参加少先队，自觉佩戴红领巾，认真参加升旗仪式，文明礼貌，轻声慢步。 2. 与小朋友和睦相处，诚实、不说谎，爱家人、爱老师，虚心接受老师的教诲。发展良好的心理品质、合作与交往能力。 3. 爱护集体荣誉，乐于为集体做事；遵守公共规则，爱惜书本，爱惜公共财物。	1. 遵守会场纪律，听从指挥，认真参加升旗仪式，自觉唱国歌、行队礼。 2. 爱自己、爱家人、爱老师、关心身边的同学；诚实待人，勇于改错，自信、自强、自立。 3. 注重个人卫生，衣着整洁、得体，自觉佩戴少先队标志。 4. 有集体意识，自觉维护集体的荣誉，培养合作能力；自觉遵守公共规则，爱护公共资源。	1. 学习修身养德，能够自我约束和自我管理。学会承担自己的责任，信守诺言。 2. 自觉遵守法纪，维护公共安全，维护自己生活的环境卫生，制止不良的行为。 3. 集体意识强，主动承担集体的事务，组织参与集体活动，锻炼协调能力。 4. 主动遵守法规，积极探究祖国传统文化，参与社区活动，传承传统文化。
好体魄	1. 乐于参加体育活动，学习基本的身体活动方法和体育游戏。 2. 掌握体育与健康基础知识、基本技能与方法。	1. 主动参与体育活动和比赛，提高基本身体活动和完成体育游戏的能力。 2. 掌握体育活动的方法，能在体育互动中学会并作	1. 科学参与体育锻炼，学会通过体育活动来进行积极休息的方法。 2. 了解体育运动的健身价值，学会自己创编体育活动。

续表

课程目标 育人目标	低年级	中年级	高年级
	3. 初步了解个人卫生保健知识和方法。 4. 保持正确的身体姿态,初步发展柔韧性、灵敏性和平衡能力。努力完成当前的学习任务,感受运动的乐趣和成功,学会合作。	出保护自己和他人安全的行动。 3. 了解本年段个人卫生保健的知识和方法,注重用眼卫生,树立生命意识。 4. 保持或改善体型和身体姿态,发展柔韧性、灵敏性、速度与力量。坚持完成有一定难度的活动,并在活动中保持积极、稳定的情绪;形成活泼开朗、团结合作、竞争进取的精神。	3. 掌握有一定难度的基本身体活动方法,熟练掌握1至2项体育运动项目;能在运动中对意外的体育伤害做简单的处理。 4. 保持良好的身体姿态,提高柔韧性、灵敏性、速度与心肺耐力。能够通过体育活动的方式控制情绪,形成克服困难的意志品质。
好习惯	1. 熟悉学校的《学习守则》、《安全守则》、《一日行为规范》的内容,并能自觉地遵守,养成良好的生活习惯、卫生习惯、学习习惯、行为习惯。 2. 养成良好习惯,自己的事情自己做,注重个人卫生,学会收拾自己的物品,自己的事情自己做,逐步培养自己劳动能力,积极融入生活实践。 3. 有初步的自我保护意识。	1. 主动遵守公共规则,热爱并关注自身生活环境,维护公共卫生,养成良好的卫生习惯。 2. 能够自觉做好课前预习、课后复习。学习记录课堂笔记。	1. 具有审题意识、分析能力和解决思路,形成主动探究的能力。 2. 培养搜集、整理语言材料的能力;以丰富多样的形式大胆展现自己,敢于主动表达自己的想法,逐步提高语言的表达能力和概括能力。 3. 学会观察,善于捕捉生活中的细节,看到生活表面之外更深刻更多的东西,并能形成习惯。在生活中学以致用,做一个有文化素养、有生活智慧的下沙学子。
好科学	1. 对常见的事物、科学现象、自然现象表现出探究兴趣;愿意倾听、分享,表达自己的观点,能按要求进行合作探究学习;利用身边的材料和工具动手完成简单的任务。 2. 在教师指导下,能从具体现象与事物的观察、比较中提出感兴趣的问题、提出假设,学习制定计划,搜集证据,处理信息,得出结论。	1. 能认识事物、动植物、自然现象的特征、规律;知道设计的步骤,能够与同伴分工协作,进行多人合作的探究学习,合作完成一项工程设计。 2. 能够从具体现象与事物的观察、比较中提出感兴趣的问题、提出假设,制定计划搜集证据,处理信息得出结论与大家分享交流,并进行反思评价。	1. 初步了解常见物质的变化;认识人类与自然资源和能源的关系;了解和学习人们改造周围环境的技术和方法。 2. 能结合所学的知识,从事物的结构、功能、变化及相互关系等角度提出可探究的科学问题、提出假设,独立制定计划、搜集证据,在信息处理中得出结论,与大家分享交流,并进行反思评价。

总论 7
聚焦育人目标的课程设计

续表

育人目标 \ 课程目标	低年级	中年级	高年级
	3. 了解生活中常见的科技产品及其给人类生活带来的便利；意识到保护环境的重要性，自觉珍爱生命，保护身边的动植物。	3. 了解影响科学技术发展的关键因素，愿意采取行动保护环境、节约资源。	3. 了解自然灾害对人类生活的影响，自觉采取行动，保护环境。
好思维	1. 培养注意观察，仔细倾听的习惯，学会提问，勤于动手，学会合作，乐于动手实践。 2. 调动各种感官，获得多方面的感性认识，在此基础上，凭借形象思维来发展初步的逻辑思维。 3. 初步形成概念意识，学习用它进行抽象、概括、判断和推理，用它来分析问题和解决问题。	1. 逐步培养质疑的习惯，初步具有审题意识、分析能力和解决思路。 2. 培养留心观察生活现象，搜集整理语言材料的能力，以丰富多样的形式展现出来。学习运用知识解决生活中的问题，在动手的同时动脑，大胆地创新，发现学习规律，获得身心愉悦和持久的兴趣。 3. 形成概念意识，利用它进行抽象、概括、判断和推理，分析和解决问题。正确运用归纳和演绎的形式进行推理，形成逆向思维。	1. 善于捕捉生活中的细节，看到生活表面之外更深刻的东西，并能形成习惯。在生活中学以致用。 2. 能独立进行一些简单的逻辑分析，并进行间接的推理。相互讨论、启发、帮助、协作，各抒己见、大胆设想、大胆探索等从中发现不同的解题思路和方法。 3. 在生活中善于表达、观察、比较、辨别、概括，提高沟通、分享、合作和交流的能力，在合作学习中激发和促进思维的深度和广度。
好书法	1. 有正确的坐姿和握笔习惯。 2. 能够按笔顺规则用硬笔书写字，注意间架结构，初步感受汉字的形体美。 3. 书写规范、端正、整洁。	1. 熟练运用硬笔书写正楷字，做到规范、正确。学习使用软笔书写。 2. 书写字体工整、端正，间架结构合理。 3. 卷面整洁，初步感受到行款整齐的美。	1. 熟练运用硬笔书写正楷字，做到规范、正确。熟练运用软笔书写。 2. 书写字迹工整、端正，间架结构合理；行款整齐，布局合理，整体效果好。 3. 卷面整洁，无涂改痕迹。
好口才	1. 认真倾听别人讲话，能听懂主要内容；愿意主动表达自己的意见，声音响亮。 2. 能用普通话与别人交谈，态度自然大方，有礼貌。 3. 能够用完整的句子，清楚、明白地讲述事情，尝试用语言打动别人。	1. 认真倾听别人说话，抓住要点，能够表达自己的感受和想法。 2. 能够清楚、有条理、生动地讲述一件事情，努力用语言感动他人。 3. 能够在不同的情境中进行倾听和表达。	1. 认真、耐心倾听别人的发言，抓住要点，积极交流。 2. 能够针对当下的事情、热门话题进行交流、讨论、辩论、劝说；有良好的语言组织能力和语言习惯。 3. 说话文明，注意语言美，表达抓住要点，有条理、语句通顺。能根据情景、对象，做简单的发言。

续表

课程目标 育人目标	低年级	中年级	高年级
好才艺	1. 选择一项自己喜欢的艺术学科进行学习,感受艺术活动给人带来的愉悦,并对艺术活动产生兴趣。 2. 参与一项或两项艺术活动,并对此艺术学科课程学习产生兴趣。	1. 持续对一项艺术学科进行学习,从中了解与艺术活动相关的人文精神,初步感受艺术创作的乐趣,积极参与集体的合作演出,感受成功的喜悦。 2. 熟练掌握一项艺术学科项目的基本功,能够与他人合作,进行简单的创作。	1. 持续对一项艺术学科进行学习,积极探索艺术课程所涉及的其他相关学科的联系,有自己的独特理解,积极参与艺术创作,并从中培养良好的审美品位。 2. 积极参与个人或集体的演出,能够在作品中展示个人的情感。
好外语	1. 一年级能听懂简单的课堂用语并与老师进行互动。二年级能听懂并口头回答较复杂的问题,语速流畅,表达清晰。 2. 能用简短英文打招呼,并表达出自己喜欢的颜色、动物、食物、数字、家庭成员等。	1. 能够读懂单词的简单英文解释,能够读懂常用英文对话,能够阅读100词左右的短文。 2. 能听懂简单的常用英文对话,能够独立提问。	1. 能够读懂短文,能够读懂常用英文对话,能够阅读300词左右的短文。 2. 以丰富多样的形式大胆展现自己,敢于主动表达自己的想法,逐步提高语言能力。
好文章	1. 能够用意思完整的话把自己留心观察到的事物、想象中的事物、心里的话写下来。能主动将日常阅读和生活中学习到的语言运用到文章中。 2. 能够正确使用逗号、句号、问号、感叹号。	1. 能够不拘形式地写下自己的见闻、感受和想象,清楚地表达出自己印象最深、最受感动、最感兴趣的内容,分享写作的快乐。 2. 能够正确的使用冒号、引号等标点符号。	1. 能够写内容具体、感情真实的记事作文和想象作文,有个人的独特感受。 2. 能够根据内容表达的需要,分段表述,语言通顺,行款正确,正确使用标点符号。

三 学校课程体系

依据"真好教育"之哲学以及学校文化和办学方向,学校坚守为孩子"开启阳光向上的人生"这一办学理念,为孩子创设个性成长的"红棉花季课程"。其课程结构如下(见图1):

"红棉花季课程"由国家基础课程和拓展课程整合而成。整合后的国家基础课程着重体现"用教材教而不是教教材"的思想,在落实国家规定的基础课程的同

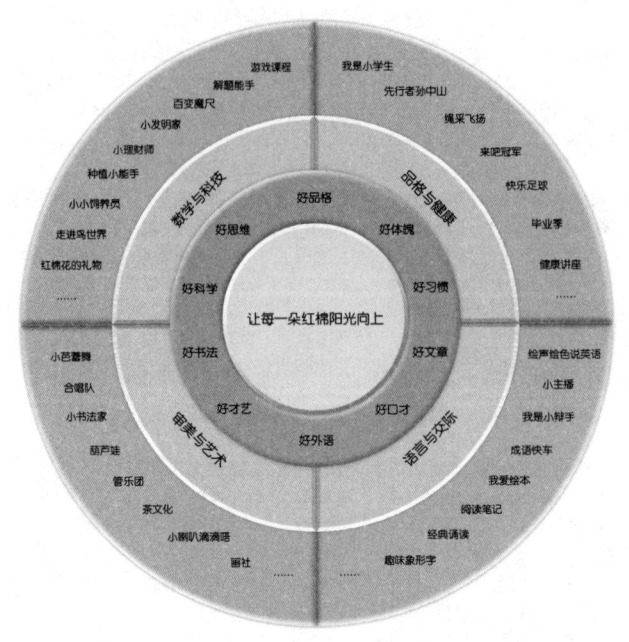

图1 "红棉花季课程"结构图

时力求拓展、超越教材。拓展课程是在遵循孩子普遍的认知特点和成长规律下延伸出的个性化课程。"红棉花季课程"与国家基础课程相辅相成,强调国家课程是基础,整合后的基础课程与拓展课程是补充。学校根据教师与学生的实际需求,逐渐调整基础课程与拓展课程的比例,让"红棉花季课程"保持一种动态的平衡与实效。

按照课程统整的情况,"红棉花季课程"可分四大版块:品格与健康课程、语言与交际课程、审美与艺术课程、数学与科技课程。

1. 品格与健康课程

该版块的课程整合道德与法治、品德与社会、体育、健康教育、心理健康教育等国家课程。版块内有"好品格"、"好体魄"两个系列。"好品格"系列中,开设的拓展课程有《先行者孙中山》、《我是小学生了》、《静净敬雅课程》、《毕业季》等。"好体魄"系列中,开设的拓展课程有《快乐足球天地》、《中国功夫》、《"绳"采飞扬》、《来吧,冠军》。该板块课程强调学科教学的目的在于,让学生在学习知识、训练技能的同时,培育学生的价值观,形成健全的人格和健康的体魄、心理。

2. 语言与交际课程

该版块的课程整合语文、英语等国家课程,版块内设"好口才"系列课程,开设的拓展课程有"有趣的象形字"、"走进成语乐园"、"畅游诗词天地"、"我是小辩手"、"词汇小达人"、"绘声绘色说英语"等。该板块课程强调以广泛阅读带动言语的习得，突出汉语与英语的阅读，加大阅读量，努力创建书香校园、学习型校园。

3. 审美与艺术课程

该版块整合美术、音乐等国家课程，版块内设"好口才"系列课程，开设的拓展课程有"小喇叭,滴滴嗒"、"小小书法家"、"童声嘹亮"、"葫芦娃"等课程。该版块课程强调的是传承中华优秀文化、提高审美品位。

4. 数学与科技课程

该版块整合数学、科学、信息技术、综合实践等国家课程，设有"好科学"、"好思维"两个系列。"好科学"系列开设的拓展课程有"走进鸟类世界"、"红棉花的礼物"；"好思维"系列开设的拓展课程有"百变魔尺"、"七巧板"、"小小理财师"、"解题能手"、"口算大师"等。该版块课程重点体现实践能力、创新能力。

为更好地润养学生的"十个好"，让学生在阳光、向上的"下沙有你真好"的文化里茁壮成长，学校设置了丰富多彩的课程，除了基础类的课程之外，我们的课程设置如下(见表2)：

表2 "红棉花季课程"图谱

年级	类别	品格与健康	语言与交际	审美与艺术	数学与科技
一年级	上	我是小学生了 净静敬雅课程 安全课程 班队会课程 秋季实践活动 快乐足球 "绳"采飞扬 健康大讲堂	奇妙的象形字 经典诵读 我手写我心 悦读笔记	小书法家（硬笔书写） 红棉合唱团 小芭蕾	口算1.0 百变小达人（手工制作）
	下	净静敬雅课程 安全课程 班队会课程 春季实践活动 快乐足球 "绳"采飞扬 健康大讲堂	奇妙的象形字 经典诵读 我手写我心 我是小主持 悦读笔记	小书法家（硬笔书写） 红棉合唱团 小芭蕾	解题能手1.0 几何拼贴画 金融课程 百变小达人（手工制作）

续表

年级	类别	品格与健康	语言与交际	审美与艺术	数学与科技
二年级	上	净静敬雅课程 安全课程 班队会课程 秋季实践活动 快乐足球 羽毛球课程 田径竞技课程 "绳"采飞扬 健康大讲堂	字典小达人 我手写我心 经典诵读 我是小主持 悦读笔记	红棉合唱团 小芭蕾 葫芦娃 小书法家（硬笔书写） 中国画社团	口算2.0 百变小达人（手工制作）
	下	净静敬雅课程 安全课程 春季实践活动 快乐足球 羽毛球课程 田径竞技课程 "绳"采飞扬 健康大讲堂	经典诵读 我手写我心 我是小主持 悦读笔记	红棉合唱团 小芭蕾 葫芦娃 小书法家（硬笔书写） 中国画社团	解题能手2.0 七巧板 理财课程 百变小达人（手工制作） 小小饲养员
三年级	上	净静敬雅课程 安全课程 班队会课程 我爱我家(爱家人) 秋季实践活动 武术社团 乒乓小将 足球娃娃 来吧,冠军 "绳"采飞扬 中国功夫 健康大讲堂	经典诵读 我爱绘本 一拼到底 我手写我心 悦读笔记	葫芦娃 舞蹈队 红棉合唱团 小书法家（硬笔书写） 书法社团 中国画社团	口算3.0 身边的环境调查 百变小达人（手工制作） 走进鸟类世界
	下	净静敬雅课程 安全课程 班队会课程 春季实践活动 武术社团 乒乓小将 足球娃娃 来吧,冠军 "绳"采飞扬 中国功夫 健康大讲堂	成语快车 经典诵读 我爱绘本 我手写我心 悦读笔记	葫芦娃 舞蹈队 红棉合唱团 小书法家（硬笔书写） 书法社团 中国画社团	解题能手3.0 巧移火柴棒 金融课程 红棉花的礼物 走进鸟类世界

续表

年级	类别	品格与健康	语言与交际	审美与艺术	数学与科技
四年级	上	净静敬雅课程 安全课程 班队会课程 我爱我家(爱劳动) 我的人生规划 秋季实践活动 乒乓小将 足球小将 来吧,冠军 "绳"采飞扬 中国功夫 健康大讲堂	走进成语乐园 经典诵读 我是小导游 一拼到底 红棉广播站 我手写我心 悦读笔记	管乐团 合唱团 舞蹈队 小书法家(硬笔书写) 书法社团 中国画社团	口算4.0 快速"24点" 走进鸟类世界 种植小能手
四年级	下	净静敬雅课程 安全课程 班队会课程 春季实践活动 乒乓小将 足球小将 来吧,冠军 "绳"采飞扬 中国功夫 健康大讲堂	经典诵读 红棉广播站 我爱绘本 悦读笔记	管乐团 合唱团 舞蹈队 小书法家(硬笔书写) 书法社团 中国画社团	解题能手4.0 巧算24点 金融课程 红棉花的礼物 种植小能手 走进鸟类世界
五年级	上	净静敬雅课程 安全课程 班队会课程 秋季实践活动 武术社团 乒乓小将 足球小将 来吧,冠军 "绳"采飞扬 健康大讲堂	经典诵读 一拼到底 红棉广播站 我手写我心 悦读笔记	管乐团 合唱团 葫芦娃 舞蹈队 小书法家(硬笔书写) 书法社团 中国画社团	口算5.0 观鸟小队 小发明家
五年级	下	净静敬雅课程 安全课程 班队会课程 春季实践活动 伟人课程:孙中山 革命烈士祭奠课程 武术社团 乒乓小将 足球小将 来吧,冠军 "绳"采飞扬 健康大讲堂	我是小辩手 舞台剧 社会调查 绘声绘色说英语 悦读笔记 经典诵读	管乐团 合唱团 葫芦娃 舞蹈队 小书法家(硬笔书写) 书法社团 中国画社团	解题能手5.0 "幻方"的秘密 小理财师 观鸟小队 小发明家

续表

年级\类别		品格与健康	语言与交际	审美与艺术	数学与科技
六年级	上	净静敬雅课程 安全课程 班队会课程 我能行(我会出行) 伟人课程：孙中山 武术课程 足球小将 来吧，冠军 "绳"采飞扬 乒乓小将 健康大讲堂	我是小辩手 畅游诗词天地 一拼到底 英语剧社团 红棉广播站 我手写我心 悦读笔记	茶文化 小书法家（硬笔书写） 书法社团	口算6.0 我的小发明
	下	净静敬雅课程 安全课程 班队会课程 我能行(我会出行) 春季实践活动 毕业季 革命烈士祭奠课程 足球小将 来吧，冠军 "绳"采飞扬 健康大讲堂	舞台剧 悦读笔记 绘声绘色说英语	茶文化 小书法家（硬笔书写） 书法社团	百变魔尺 解题能手6.0 小理财师 我的小发明

四 学校课程实施

学校通过构建"真好课堂"有效实施基础课程，在建设"真好学科"的基础上拓展学科课程，通过丰富多彩的"真好活动"、"主题活动"来落实活动体验课程，做活"真好"统整课程。

（一）构建"真好课堂"，有效实施基础课程

课堂是教师实施国家课程、地方课程和校本课程的主阵地，是学生学习的场

所,是育人的主渠道。我们通过努力形成"目标精准、内容朴实、方法灵动、成果有效、风格智慧"的"真好课堂"。

1. 教学目标精准

我们的课堂了解学生的学情,准确把握学科课程的核心,教学目标准确,重点、难点突出。同时,注重学生思维的发展,重视学习能力、学习习惯、合作意识、创新意识的培养,促进学生的全面发展。

2. 教学内容朴实

这是指课堂教学内容质朴、实在,不花哨。我们的课程内容紧贴学生的真实生活,紧扣学科目标,落实好学科核心素养。校园、家庭、社区、大自然成为我们的大课堂。学生在丈量土地、计算面积时,在仔细观察植物生长时,在各式各样的生活实践中学会学习,学会做事,学会做人。

3. 教学方法灵动

师生之间相互信任、欣赏、赞美、分享,平等倾听,学生在课堂中动口、动眼、动手、动脑、动心,学习从不同的角度思考问题,每一个孩子都有展现自己灵性的空间,如红棉绽放时的耀眼夺目。

4. 教学效果有效

课堂要成为学生的用武之地。学生能够积极参与课程学习,有效运用知识和方法;能主动分享自己的见解,也能与同学合作学习;能在课程活动中找到兴趣、找到成功、找到乐趣;能在乐做中乐学,在乐学中做好,保持着一颗好奇心。

5. 教学风格智慧

智慧型学生应该能独立思考、自主学习、合作探究,也能在合作中主动分享自己独特的见解,体现个人的思想。智慧型的教师就是能够帮助学生在课程学习中、探究中、做事中开启学习欲望,帮助学生学会辨析、判断,掌握正确看待世界的方法,树立正确的人生观、价值观。

(二) 推进"真好活动",落实活动体验课程

"红棉花季课程"根据学生年龄特点、兴趣爱好,利用校本课程时间及节日、假期,将"好品格"、"好体魄"、"好才艺"、"好思维"等育人目标落实在有趣有味的课

程活动中。从活动方案设计、活动实施过程、活动效果、活动管理四个方面进行全过程的监控，保证活动有序地进行。活动结束后及时进行课程评价、总结反思，促进课程的规范发展。活动课程主要类型如下：

1. 兴趣爱好类的社团课程有武术、足球、绳操、羽毛球、田径竞技、乒乓球、合唱、民族舞蹈、芭蕾舞、英语剧、书法、绘画、管乐、葫芦丝、摄影、茶文化等。

2. 安全健康类课程有健康大讲堂、青春期教育课程、学军课程、假期安全课程、生命教育、食品安全教育、课间活动教育、消防安全教育、防拐骗教育、毒品危害教育、逃生课程、垃圾分类、环保课程、学军课程等。

3. 文明礼仪类课程有班队会课程、净静敬雅课程（如厕文明）、道德讲堂课程、伟人课程等。

4. 户外实践类课程有观鸟小队、春秋季实践活动、身边的环境调查、跳蚤市场、理财小能手等。

5. 仪式庆祝类课程有革命烈士祭奠课程、升旗仪式、开学礼、入队礼、散学礼、毕业礼等。

6. 节日文化类课程有端午文化、六一庆典活动、教师节、国庆节、中秋节、重阳节、春节、读书日——我与作家有约等。

（三）建设"真好学科"，实施学科拓展课程

一个人可以走得快，但一群人可以走得远。我们需要一个有自己的理念、自己的课程、自己研发团队的学科组，这样才能使"红棉花季课程"不断优化、提升，凸显特色。

1. 有自己的学科理念

在"开启阳光向上的人生"的学校办学理念下，各科组结合自己学科的特点提出本学科理念，在学科理念下开展教育、教学、教研活动，实现学校阳光向上的"十好"育人目标，凸显学科团队的特色。

2. 有自己的学科团队

每个学科都以学科组长为核心，以各年级备课组组长或骨干教师为支撑组成自己学科的研究团队，进行学科课程的开发、研究和实施。同时，也借此提高年轻

老师的课程开发和设计能力,提升中年老师的课程实施能力,扶持薄弱年级或薄弱学科,一起推进"红棉花季课程"的实施与优化,丰富课程学习内容和形式。

3. 有自己的学科课程

学校紧扣课程标准,采取"1＋X"学科课程群的路径,融入学校文化,突显红棉花季课程的理念,并抓住学科的特点开发相关课程,课程目标定位准确、课程内容新颖,能有效提升学生学科素养和综合素质。在开发和设计学科课程时,要考虑课程序列化、常态化等问题。考虑到学生的生长,学科课程设计注重与国家课程有机融合,课程内容设计呈螺旋式上升,课程适应学生的年龄特点和学业水平,紧贴学生的学习、生活实际,解决学生的知识学习、拓展运用等问题。

4. 有自己的课程实施方法

课程实施加强学科整合,突显学科性。课程设计根据学科特点、学生特点,让学生在学中做、做中学,突出学科知识的运用、能力的训练、思维的发展、个性的形成,加强跨学科的知识整合、跨时空的资源整合。此外,课程实施注重兴趣小组和社团的活动,利用周一至周五第七节,开设学科兴趣小组和社团活动。同时,通过购买服务的方式聘请专业的老师到校教学,安排有特长的老师担任社团课程老师,保证课程的质量。学校还根据市、区、课程的需要,组建竞赛队伍,精心安排业务精、责任心强的老师负责资优生的强化训练,保证社团队伍的竞争力。

5. 有自己的学科课程管理制度

学科有定期的学科研修,由学科组长组织开展关于学科课程的教、研、学活动,通过活动对课程目标、课程内容、课程实施、课程评价、课程展示、课程创新进行专项培训、研究。定期组织开展教师专业基本功大赛,保障教师队伍的先进性。学科组长负责学科拓展课程的日常活动组织,围绕学校课程规划,制定本学科课程展示的常规,定期以班级、年级、全校为单位开展课程成果展示活动,增强学生学习的自信,提升综合素质。

(四) 做活"真好统整",实施主题聚焦课程

在国家课程体系的基础上统整课程,将学科知识与实践运用结合起来,将适应儿童的身心发展和实际的需要结合起来,为学生创造学习做事、做人的环境,以利于学生综合运用所学、所思、所感、所得，解决实际问题，促进学生的成长。通过课程内容、课程资源、课程空间、课程时间的整合，结合学生自身生活和社会生活，充分调动社会资源，开展跨学科主题课程，如"小小理财师"、"走进鸟类世界"、"企业调查"等实践课程，并且每学期进行一次全校性的主题课程展示。

1. "红棉花季课程"统整的主要方式有：一是以学科知识为核心，多维度统整。这种统整方式主要针对国家基础课程。以学科为中心，对单一学科做纵向的梳理，加强同一学科知识的融合和关联，或者是对不同学科之间的同一主题内容进行整合，在保留各学科原有知识结构的基础上，糅合各学科的优势。二是以主题活动为核心，多学科统整。以系列校园主题活动为轴，整合国家课程、学校课程、少先队活动和社团活动，以年级、学校为单位，开展"红棉花季课程"展示活动；借助校园"大树舞台"、"风雨廊"、"红棉斋"等展示场所，把教、学、做的主题与社会实际联系起来，通过各种学习、竞赛、游戏等形式将课内与课外的经验有效融合，将校内外教育资源有机统一，达到让学生成长的目的。

2. 统整课程实施的主要流程有确定主题、课前调研、课程设计、课程实施、课程展示、课程评价与反思等。

3. 学校的"真好统整"主题聚焦课程共十二个，上学期以年级特色展示为主，下学期以全校性"红棉花季课程"展示为主。各学期主题安排如下（见表3）：

表3 "红棉花季课程"真好统整主题安排表

年级	上学期	下学期
一年级	我是小学生（入学）	我是光荣的少先队员
二年级	我是一个娃娃兵（学军）	停不住的舞鞋
三年级	拼搏的运动健儿	美丽的葫芦丝
四年级	语言艺术的魅力	小艺术家
五年级	诗书画印，传承文化	管乐队
六年级	茶文化	再见了，母校

"红棉花季课程"的实施，离不开科学的规划与规范的管理。学校调动每一位课程参与者的主动性，保证课程的实效。同时，建立课程领导小组、学科建设领导小组，制定了课程规划与调整制度、教师参与学校课程建设制度，保障课程的开

发、实施、指导、跟踪,保证课程的稳妥进行。

总之,"红棉花季课程"从构建到实施、优化、提升,经历了六年时间,凝聚了下沙人的汗水和智慧。学生、教师、家长、学校也因此不断发展。

首先,形成"下沙有你真好"的文化自觉。学生在小学六年的学习生活中,浸润在"红棉花季课程"中,体验成功的快乐,成长的苦与甜;初步认知人的一生应当怎样度过——做最好的自己,做多元化的自己,做学校、社区、父母、老师、同学眼中"有你真好"的阳光少年。老师作为孩子身边的一株红棉,怀揣着教育的梦想,遵循教育规律,恪尽职责;积极探究教学之道,提高专业素养;在播种爱的路上与孩子共同成长,做孩子眼中"有你真好"的老师。家长作为孩子人生路上的护航者和支持者,在陪伴孩子成长的时光中,能够根据孩子的特长为孩子的前程做好初步规划;言传身教,做有远见、有担当、有好习惯、乐读书、善沟通的"有你真好"的家长。老师与学生,家长与孩子,学校与家庭,自觉地朝着"阳光、独立、信任、合作、感恩"的方向行走,并以做下沙人为豪。

其次,构建"红棉花季"课程体系。学校在2013年初步构建了"1+N红棉花季课程",开始以项目活动的方式推动课程改革,继而以学科内、学科间整合的方式加深改革的深度,并探索出一些较为成熟的课程和课程实施的过程性资料。经过不断的实践,学校调整、整合课程资源,优化了"红棉花季课程"的结构,确定了"下沙有你真好"文化体系下的,以"真好教师、真好课堂、真好学生、真好家长、真好环境"为主体的学校课程体系;围绕着学生综合素质的发展,为学生提供涵盖语言、艺术、体育、思维、科学等方面的二十多个"红棉花季"系列课程,实现学校的办学理念和育人理念。"红棉花季课程"彰显了对"红棉"成长的关注,突出了对学生"全人"的培养,落实了学校的育人目标——培养有品格、有体魄、有智慧,具有阳光、独立、信任、合作、感恩等良好品格的学生。

再次,形成有生命力的学科团队。在学校教师年龄结构失衡的情况下,各学科结合学校的办学理念、课程理念和学科核心目标提出自己学科的理念,开展教育、教学、教研活动,实现学校的育人目标。每个学科建立了以学科组长为核心,骨干教师为组员的学科研究团队,进行学科拓展课程的开发、研究和实施,提高年轻教师的课程设计能力和驾驭教材的能力,提升中年教师的课程实施能力,促进了学科教师的专业发展。每个学科紧扣国家课程标准,采取"1+X"学科课程群的路径,开发出具有学科特色的课程,将学科素养、学校文化落实在课程目标、课程内容、课程实施中,有效提升学生学科素养和综合素质,形成学科品牌,如音乐学科的管乐、器乐、合唱;语文学科的经典诵读、小辩手;数学学科的游戏课程、理财课程;体育学科的足球、跳绳;科学学科的观鸟、红棉花干制作等。通过"红棉花季课程",促进教师的专业成长,实现所有学科的均衡发展。

最后,形成了和谐的家校合作方式。家长们意识到家庭教育对学生教育的重要性和有效性,积极参与到学校日常的教育教学活动中来,涌现出一批热心于学校工作和班级工作的家委、志愿者,孕育了一个优秀的家委会组织。其以丰富的群体背景资源为依托优势,向学校提供物质、人力资源的协助及有效的建议,在学校特色课程的建设、发展中发挥了重要作用。透过家校交流合作,家长系统地了解学校的理念,有效推广学校文化,促进了家校关系的和谐发展,为学生提供了更贴心、有力的精神支持。

由于学校的坚持与大胆实践,"下沙有你真好"的学校文化扎根在师生的心田,学校呈现出阳光向上的良好氛围,校园育人环境得到进一步优化,学生的素养得到全面的提高,教师的教育科研能力明显进步,学校的文化底蕴、综合办学水平得到进一步提升,促进了学校的内涵发展,得到了社区、同行、上级部门的肯定和赞誉。

(撰稿人　邹福良　宋丽斌)

第一章
好品格：与真好人生相遇

品格是一个人在生命中建立起来的具有稳定性和特殊性的品质。它能决定人生命运。高尚的品格能最大限度地展现出人生的价值，是个人最宝贵的财富。"好品格"系列课程以儿童的生活为基础，关注孩子的现实生活，重视生活的教育价值。该课程通过丰富多彩的活动寓教于乐，形成品格成长阶梯，逐个培养习得，帮助孩子形成好品格，帮助孩子找到正确的发展方向，积蓄竞争力，与真好人生相遇。

美国著名思想家、文学家爱默生认为：品格是一个人在生命中建立起来的具有稳定性和特殊性的品质。它是一种内在的力量，它的存在能直接发挥作用，而无需借助任何手段。品格决定人生命运。高尚的品格能最大限度地展现出人生的价值，是个人最宝贵的财富。品格是世界上最强大的力量源泉，它不仅影响着孩子的现在，更决定着孩子的未来。从人类的历史来看，不管是什么时代，什么社会，品格的决定性作用都未曾改变过。它比所谓的财富、知识以及其他东西都重要。所以只有具备好品格，才能找到正确的发展方向，才能积蓄竞争力，让孩子与真好人生相遇。

我校"好品格"系列课程的理念是"关注孩子的现实生活，重视生活的教育价值，形成品格成长阶梯，逐个培养习得。"我们的课程重视、关注怎样去改善、促进孩子的实际生活。我们努力通过系列课程的实施让儿童学会营造一种属于他们自己的健康、积极、快乐、负责、有爱心、有创意、肯动脑的生活；力求做到从儿童自己的世界出发，用自己的眼睛观察社会，用自己的心灵感受世界，用自己的方式研究社会；促进他们在快乐的、积极的、有意义的生活中发展，在发展中形成品格成长阶梯，并逐个培养习得。

我校开设的"好品格：与真好人生相遇"系列课程的课程目标是以社会主义核心价值（爱国、诚信、友善等）和人类共同崇尚和追求的价值为基础，通过疏理少年儿童基础的品格特质，形成品格成长阶梯，逐个培养习得。

"好品格"系列课程以儿童的生活为基础，用"三条轴线"和"四个方面"组成课程的基本框架，"三条轴线"是：儿童与自我；儿童与学校；儿童与社会。"四个方面"是：健康、安全地生活；愉快、积极地生活；负责任、有爱心地生活；动脑筋、有创意地生活。健康、安全地生活是儿童生活的前提和基础，愉快、积极地生活是儿童生活的主调，负责任、有爱心地生活是儿童应当遵循的基本道德要求，动脑筋、有创意地生活是时代对儿童提出的要求。"好品格"系列课程包含"先行者孙中山"、"我是小学生了"、"做一朵美丽的红棉花"、"毕业季"等课程。按孩子的年龄特点及课程目标，把各个课程分布到各个年级，如"我是小学生"放在一年级，"先行者　孙中山"放在五、六年级，"毕业季"安排在六年级，而培养孩子"敬、静、净、雅"本质素养的"做一朵美丽的红棉花"课程，则有所侧重地放在一到六各个年级。

"好品格"系列课程以儿童直接参与的丰富多彩的活动为主，强调寓教育于活动之中，以儿童的年龄特征、经验背景和学习兴趣等为设计基础，将知识、技能教育的要求与情感、态度、价值观的培养融为一体。活动形式不拘一格，因地制宜地选择各种不同的活动类型，可以是单一的，也可以几种形式结合使用。活动时间的安排比较灵活机动，根据主题、内容，可在一课时内完成，也可持续几课时或一段时间。同时可在课堂上完成，也可安排必要的课前准备活动或课后延伸活动来配合。具体实施途径与方法有：

1. 课堂教学

课堂教学包括思想品德课与其他学科教学，这是学校有目的、有计划、系统地对学生进行品格培养的基本途径。各科教材中都包含有丰富的教育内容，只要充分发掘教材本身所固有的德育因素，把学科的科学性和思想性统一起来，就能在传授和学习科学文化知识的同时，使学生受到科学精神、人文精神的熏陶，形成良好品格。

2. 校会、班会

校会是指全校性的大会，是对全体学生进行教育的一种途径。有定期的和不定期的。如开学典礼，在开学初举行，一般是向全校师生报告本学期的工作计划，对学生提出要求，使学生明确本学期的任务，激励他们在思想和学业上努力上进。又如结业典礼，在期末进行，欢送毕业同学，总结一学期的工作，表彰"三好"学生，号召同学向"三好"学生学习。还有国庆节、六一儿童节等重大节日，也是通过校会向学生进行思想品德教育的重要途径。班会则是比校会更频繁、更有针对性的集体教育形式。德育活动是班会计划的核心组成部分。

3. 少先队活动

少先队组织是少年儿童自己的组织。少先队的队会是小学生自我教育的重要形式。学生在少先队及其活动中,根据民主集中制的原则,推选出自己的领导人,学习如何过健康向上的民主生活。他们在辅导员的指导下,学习自主管理,并组织各种有教育意义的活动。由于少先队活动是学生自己组织的,更符合学生的年龄特点和要求,受到学生的欢迎,可以吸引更多学生参加,使学生在自己组织的实际活动中受到各方面的教育。

4. 课外活动与校外活动

课外活动是指学校在课堂教学任务之外,利用课余时间对学生实施的各种有意义的教育活动。校外活动是指由学校以外的教育机构组织和领导的学生课余教育活动。课外活动和校外活动是整个教育体系中的重要组成部分,是进行全面发展教育的重要途径,也是学校实施品格养成的重要途径。

"好品格"系列课程经过几年的实施及不断完善,积累了一定的经验,探索出了一套相对完整的品格教育体系,较显著地提升了师生的品格层次。譬如,刚入学的孩子,通过"我是小学生"课程的学习,能很快地了解学校的规范,学习并遵守行为规范,培养自我管理的意识,树立我是小学生的自信和自豪感;在"毕业季"课程中,孩子学会感恩,学会关爱,铭记校训,树立正确的人生目标,迎接新的未来;通过"做一朵美丽的红棉花"课程六年的学习,每个孩子都能养成"敬、静、净、雅"的文化素养。此外,我校还组建了"好品格"系列课程团队。在课程实施中,教师课程的执行力及对教材的研发力有了质的提高,并联合出版了校本教材《先行者孙中山》、《我是小学生》。

马顿曾说过:"唯品德,开成功之门,收成功之果。"只有养成良好的品格才能创造个人幸福和社会繁荣,才能提升国家竞争力。因此,小学品格教育任重而道远。

(撰稿人　何婉媚)

课程 1-1　先行者　孙中山

一、课程概述

孙中山是伟大的爱国者、民主革命先行者，是 20 世纪中国的三位巨人之一。孙中山创立"兴中会"、"中国同盟会"，提出了"三民主义"；主导了辛亥革命，推翻封建帝制，组建了中华民国临时政府，建立共和国；提出了改造和建设中国的宏伟计划，在黄埔建立了陆军军官学校，在很长的一段时间里，推动着中国的历史进程。毛泽东在《纪念孙中山先生》一文中，高度地评价了孙中山的一生，他指出孙中山是"中国革命民主派的旗帜"、"孙中山是一个谦虚的人"、"他全心全意地为改造中国而耗费了毕生的精力，真是鞠躬尽瘁，死而后已"。

本课程的理念是：见贤思齐，自我成长。通过学生自主探究和教师点拨等方式的学习，让学生在了解孙中山先生丰功伟绩的同时，也了解到中国封建帝制灭亡到新中国建立前的那一段纷纷扰扰的历史，感受这一代伟人身上勇敢、坚决的革命精神，以及崇高的个人品质；也为祖国今天的繁荣富强、和平幸福感到骄傲和自豪，同时珍惜现在的美好生活。

适合对象：五六年级学生。

二、课程目标

1. 知道孙中山一生的成就和重大历史事件，能够正确评价这一历史人物。

2. 了解孙中山的人格魅力，产生见贤思齐的情感，学习他勇于担当的爱国精神。

三、课程内容

本课程根据孙中山的成长经历,分为三个板块,具体内容如下:

(一)孙中山的童年与求学

这一板块讲述了鸦片战争的始末,清朝末年的社会状况,以及孙中山少年学习的经历。通过学习,明白促使孙中山一生投入革命的原因,了解孙中山的学习、理想信念以及他少年立志的崇高。

(二)孙中山的革命经历

这一板块包含了课程的第二至第四单元,主要讲述了孙中山从同盟会开始,到1925年期间参与的历史事件,包括:组织革命,推翻帝制;建立民国,绘制蓝图;捍卫共和,百折不挠。在课程的学习过程中,锻炼学生自主收集、处理信息的能力,通过自主学习了解历史事件的始末,让学生学会正确评价孙中山的为人和功绩。

(三)孙中山的思想

这个板块讲述了孙中山一生的革命理想和信念,通过学习孙中山提出的"三民主义"的具体内容和背景,了解孙中山对中国革命历史进程的重要作用与贡献,赞扬孙中山为中国革命鞠躬尽瘁的精神。

四、课程实施

本课程共安排二十课时。实施前教师要准备孙中山的生平事迹、故事及相关影片;拟定课程成果制作的要求、方式;制定黄埔区军校旧址参观的活动方案。具体实施方法如下:

(一)自主探究,感知人物

教材的每一个单元都以孙中山的故事为例,设计了自主探究学习主题。首先,学生根据主题搜索相关的学习资料,阅读相关信息,深入认识故事中的主要人物和历史背景。其次,结合黄埔区军校旧址的实地参观,了解黄埔军校在中国历史进程中所起到的促进作用,从而认识到孙中山的伟大功绩。最后,通过观看《孙中山》等历史题材的影片,感受孙中山探寻救国之路的艰辛历程及其百折不挠的奋斗精神。

(二)小组分享,教师点拨

课堂上,小组成员互相交流自主学习的成果,实现资源共享。各组再派代表发言,汇报小组学习的收获。教师根据学习情况补充、调整学习内容,帮助学生深刻理解、认识孙中山,使人物在学生心中丰满和具体化。

(三)成果展示

以"我心中的孙中山"为主题进行课程成果展示,由教师统筹、组织各学习小组自由选定作业形式,可以是手抄报、评论、黑板报等。教师在学生制作成果的过程中给予充分的指导和帮助,关注学习小组的学习过程,保证课程作业完成的质量。

五、课程评价

在课程的评价上,以学生为主体,注重过程性评价,坚持评价的激励性原则,主要从以下三个方面进行:第一,学习过程中的表达交流,包括收集与整理课前资料、大胆表达自己的观点、自信展现自我等;第二,课程活动中的参与效果,包括按照学习任务进行鉴别、交流、实际操作练习等;第三,团队活动中的合作分享,包括在团队活动中积极参与,在讨论交流中能虚心听取他人意见、尊重别人的发言、服从分工、主动帮助他人等。课程评价采用自评、小组评、教师评相结合的方式,具体如下:

(一)参与度评价

通过自评、小组评和教师评的方式,清楚地了解到自我评价与他人评价的差距,发现不足,调整学习状态,有效地发挥评价的促进作用。

(见表1-1)

表 1-1 《先行者　孙中山》课程评价表
黄埔区下沙小学　　　　　　年　　班　　　　　　姓名

评价内容	评价标准	自我评价	小组评价	教师评价
情感与态度	1. 能积极参与学习活动,有好奇心和求知欲(10分)			
	2. 在学习中获得成功的体验,锻炼克服困难的意志,建立自信心(10分)			
知识与技能	1. 了解书中的基本知识,并能向他人讲述(10分)			
	2. 能利用各种设备、学习材料、视听媒体辅助学习(15分)			
	3. 能收集、分析、处理搜集到的信息,具有一定的综合概括能力(20分)			
合作与探究	1. 明确自己在集体中的作用,能够评价和管理自己的行为(15分)			
	2. 主动与他人合作,能够共同提出问题、解决问题;与小组成员共同完成课程作业,形成成果(20分)			

（二）检测性评价

　　课程学习结束后,以纸笔检测的方式进行"伟人孙中山"知识测试活动,了解学生对课程知识的掌握程度,增加学习的趣味性,提高学生对学习的积极性。

（撰稿人　邹福良）

课程 1-2

我是小学生了

一、课程背景

为了让一年级新生快速、全面地认识学校,了解学校文化和小学生基本的一日行为规范要求,尽快适应小学生的学习和生活节奏,学校为孩子设置了"我是小学生了"新生入学课程。根据学生的年龄特点,学校重点进行礼貌教育、卫生教育、课间行为规范和安全意识的训练,让孩子在游戏中学习小学生日常行为规范、生活常规、队列操练,让孩子在快乐中适应小学生的学习和生活节奏。

本课程的理念是:我是光荣的小学生。通过了解学校的日常生活,学习并遵守行为规范,培养自我管理的意识,树立我是小学生的自信心和自豪感,为今后的学习和生活奠定良好的基础。

二、课程目标

1. 知道学校的文化、课程、环境与活动(升旗礼、入队礼等),激发对学校生活的向往和喜爱。

2. 了解学校的学习要求,做好入学前的准备,学习做一个文明有礼的学生。

3. 学习在学校、课堂、活动中的规范,并在学习中实践,养成良好的行为习惯。

三、课程内容

本课程分为"校园环境、社团活动、入学准备、怎样做个合格的小学生"四个板块。

（一）校园环境

学校是孩子未来六年学习生活的地方，学校的整体文化、课程、环境会对孩子的一生产生影响。"下沙有你真好"的文化引领着我们的孩子，在老师和父母的培育下，争做一名阳光、向上的"真好学生"。美丽的校园、多彩的课程，让孩子对学校充满向往，减少对新学校无知的恐惧，对学校产生亲近感。这部分的主要内容包括：第一，学校文化起源；第二，学校课程介绍；第三，校园风光展示，如教学楼、大树舞台、百年古木棉、运动场、电教室、舞蹈室、音乐室等。

（二）社团活动

活动是学生成长的实践平台，学校为每一位孩子设立了丰富多彩的活动，让孩子在活动中增长见识，感受成功的快乐，体会挫折带来的伤痛和挑战，最终勇敢、自信、阳光地成长。这部分的主要活动包括：第一，升旗礼；第二，入队礼；第三，校运会；第四，"红棉花季课程"展示，如社团活动、竞赛等。

（三）入学准备

"万事开头难"、"预则立，不预则废"的经验告诉我们：做好入学准备，能帮助孩子顺利从幼儿园进入小学，更快适应小学的生活。这部分的主要内容包括：第一，心理准备；第二，物质准备；第三，生活习惯上的准备等。

（四）怎样做个合格的小学生

入学了，我要怎么做才能成为一名讲文明、有礼貌、守规则的好学生呢？这就需要了解学校对一名小学生的要求。熟知学校的一日行为规范、规章制度，能帮助我们自己管理自己，做个讲文明、讲卫生、守纪律、懂得保护自己的"十好"学生。这部分的主要内容包括：第一，下沙小学《小学生日常行为规范》三字歌，如文明礼貌歌"升国旗，要敬礼。唱国歌，要肃立。遇师长，要问好。爱幼小，懂礼貌"；第二，学生在校一日常规，如早读时，书包用品摆放好，主动来把作业交等；第三，卫生环保要求，如不乱扔垃圾保护环境，爱护公物，爱惜校园设施器材等；第四，校园安全注意事项,如在教学楼里,不追逐打闹,防止碰撞受伤;上体育课要注意穿着适合运动的衣服和鞋等。

四、课程实施

本课程共安排十五课时。实施前先制定相关的培训方案,准备家长培训,布置好校园环境。具体实施方法如下:

(一)亲子共读

新生入学课程教材提前发放给家长,由家长与孩子一同阅读,共同了解学校文化、学校课程、学校规章制度以及学校的活动,使孩子对学校充满向往,增强对学校的喜爱之情。家长在了解和认识学校后,主动配合学校给予孩子心理和习惯上的指导,为孩子准备好入学的物品,提前调整生活作息习惯,帮助孩子更顺利地适应小学生活,自信地面对学习。

(二)实地参观

学校在 2018 年 10 月进行了全面的升级改造,为学生提供现代化的教学设备、宽敞的教学场室,让更多的学生能够参加到学校组织的社团中学习,提高个人素质。新生入学第一件事是认识美丽的校园,知道课室在哪里,老师的办公室在哪里;外出上美术课、体育课、音乐课要怎么走;口渴了到哪里去装水……快速熟悉校园,喜爱上学校,增加对学习的兴趣。

(三)观看视频

孩子、家长可以通过观看学校日常活动视频,了解学校对学生日常行为规范的要求,同时了解学校社团活动的内容,增加新生对学校生活的向往。

(四)实践锻炼

在老师的带领下,学生参加两天的集中培训,学习排队、上下楼梯、进教室、向老师问好;学习准备学习用品、整理学习用品、收拾学习用具;学习与同学们交往……帮助孩子熟悉小学一天的生活规律,学习遵守日常的规范。在一个学期里,利用班会、队会活动进行主题教育,不断地提醒、监督,帮助孩子自觉遵守学校的规章,将认识转化为行动,做个合格的小学生。

五、课程评价

入学课程针对的是刚入学的新生,对他们的评价更注重实践过程中的鼓励和及时提醒。老师和家长根据对学生日常行为习惯的观察,注重平时的行为纠正,及时进行言语表扬,激发学生克服困难的信心,逐步形成良好的学习和日常行为习惯,少做定性评价。

本课程评价以集赞的方式实施。该评价分别由孩子、家长、老师各自评价。在评价过程中帮助孩子发现优点和不足。具体评价标准如下(见表1-2):1.形成习惯,自觉做好,得三朵花;2.做得比较好,还需要提醒,得两朵花;3.需要加油、努力,得一朵花。

表1-2 "我是真好小学生"评价表

评价内容	自评	家长评	老师评
1. 能认识老师,学会互相问好	❀❀❀	❀❀❀	❀❀❀
2. 知道待人要有礼貌,说话文明,会用礼貌用语(您好、谢谢、对不起、没关系等),不讲粗言秽语	❀❀❀	❀❀❀	❀❀❀
3. 明白学校里铃声的作用,会听铃声	❀❀❀	❀❀❀	❀❀❀
4. 知道自己所在的班级、课室所在的楼层以及楼层里厕所的位置	❀❀❀	❀❀❀	❀❀❀
5. 会按照老师的要求排队,并知道自己所排的位置	❀❀❀	❀❀❀	❀❀❀
6. 知道上课回答问题时要先举手	❀❀❀	❀❀❀	❀❀❀
7. 知道每天晚上临睡前要准备好第二天上课的学习用品	❀❀❀	❀❀❀	❀❀❀
8. 知道课堂上如何摆放学习用品,并学会收拾自己的物品	❀❀❀	❀❀❀	❀❀❀
9. 知道不能带零食、有色饮料到校,不能随地乱扔垃圾	❀❀❀	❀❀❀	❀❀❀

续表

评价内容	自评	家长评	老师评
10. 知道要带水杯(或水壶),知道学校饮水机的位置,饮水要到饮水机装,不能喝生水	❀❀❀	❀❀❀	❀❀❀
11. 知道课间不能在课室里、走廊上喧哗、打闹、追逐,更不能手持利器、硬物玩耍,以免伤及自己及他人	❀❀❀	❀❀❀	❀❀❀
12. 课间不做危险的游戏,不能攀爬楼道上的护栏,或在护栏上跳跃	❀❀❀	❀❀❀	❀❀❀
13. 知道上下楼梯靠右行走,不跑、不跳、不推、不挤、不吵闹	❀❀❀	❀❀❀	❀❀❀
14. 知道不能随便接触课室内外的各种电器及开关	❀❀❀	❀❀❀	❀❀❀
15. 知道要爱护课室里的教学设备(电脑、视频仪、录音机、电灯等),不能随意玩弄	❀❀❀	❀❀❀	❀❀❀
16. 知道要爱护课室内外的公共设施(课桌椅、垃圾桶、扫帚、地拖、消防栓、宣传栏、花坛等),不随便刻画,损坏公物	❀❀❀	❀❀❀	❀❀❀
17. 爱护校园里的一草一木,不攀摘花草。知道珍惜水资源,用水之后要及时关水龙头	❀❀❀	❀❀❀	❀❀❀
18. 知道上学、放学的时间,没到上学时间不过早到校,不在校外游玩	❀❀❀	❀❀❀	❀❀❀
19. 知道上学、放学不能在路上玩耍,要到指定的地点等家长,守规则,注意安全,不与陌生人搭讪	❀❀❀	❀❀❀	❀❀❀
20. 知道在学习期间,遇到身体不舒服时,要及时告诉老师	❀❀❀	❀❀❀	❀❀❀
21. 遇到特殊情况(生病、急事)不能上学,能及时用电话、短信、请假条等方式告诉老师,以免老师牵挂	❀❀❀	❀❀❀	❀❀❀

(撰稿人 宋丽斌)

课程 1-3

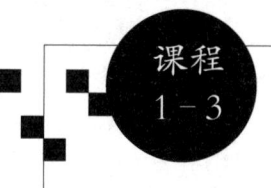

做一朵美丽的红棉花

一、课程概述

红棉花是蓬勃向上,生机勃勃的象征。它是一种与众不同的花,它在残叶落尽而新叶未长之时,迎着风开放。光秃秃的树干,没有一片绿叶,有的只是满腔激情,它要展示的是自己本质的美。依托木棉的精神,我校开设"做一朵美丽的红棉花"的课程,培养学生"敬、静、净、雅"的本质素养,展现学生的本质美。

本课程的理念是:淡泊明志,宁静致远。为师为生,在学养人品上应该追求"忠信笃敬"的境界。"君子之行,静以修身,俭以养德。非淡泊无以明志,非宁静无以致远。""形之洁",不仅指向干净优美的校园环境,更是指向个人素净端庄的仪态。"行之雅",文明优雅的谈吐举止。敬、静、净、雅,成为一个校园文化整体。笃敬感恩,贵在深沉;虚心静观,旨在高远;雅洁净美,彰显格调。"敬静"内指,"净雅"外倾。前者隐,后者显;显隐互为,相辅相成,从而陶铸了下沙小学深厚的文化底蕴。

适合对象:全体学生。

二、课程目标

1. 在日常活动中,懂得红棉花的精神象征。
2. 了解"敬、静、净、雅"素养在学习、生活、行为等方面的基本表现,懂得养成良好文化素养的重要意义。

三、课程内容

本课程以学校文化建设为引领,以"敬、静、净、雅"为主题,分为四个模块。

(一)敬

1. 敬畏生命,尊重生命。学习热爱生命的故事,背诵热爱生命的诗篇。

2. 热爱祖国,敬重文化。开展爱国主义教育,开展"厉害了,我的国"系列活动。

3. 开展"我们的节日"系列活动,发扬民族传统,增强文化自信。

4. 尊师重道,尊老爱幼。"老吾老,以及人之老,幼吾幼,以及人之幼。天下可运于掌。"尊重父母,为父母做力所能及的事情;尊敬老师,见到老师要问好;团结同学,互相帮助。

(二)静

1. 养成安静的良好习惯,静中生慧,在静中去感悟和体会。

2. 培养沉静的态度。

(三)净

1. 爱护校园的花草、物品,每天认真打扫教室和公共区域的卫生,保持室内外卫生。

2. 养成良好的个人卫生习惯,不咬笔头和手指,自觉做到"四勤":勤洗手、勤洗澡、勤剪指甲、勤换衣。

3. 有序用厕,不损坏厕所设施和公物;用厕完后冲水、洗手;不浪费水,不玩水、不用硬物淤塞厕坑。

4. 注意用眼卫生,书写、阅读的光线适宜,时间也不可以太久;阅读时眼和书本的距离三十至三十五厘米。走路乘车时不看书,坚持做眼保健操。

(四)雅

1. 雅言,是对学生言语表达的要求,要做到"言正、言明、言美"。

2. 雅行，是对学生行为习惯的要求，要做到"行端、行慎、行安"。

3. 雅思，是对学生思维品质的要求，要做到"乐思、静思、深思"。

4. 雅量，是对学生宽广胸襟的要求，要做到"宽容、宽厚、宽宏"。

5. 雅趣，是对学生兴趣爱好的要求，就是要有"兴趣、乐趣、情趣"。

6. 雅致，是对学生行为规范的高层次要求，为学生今后创造高品位的生活打好基础。

四、课程实施

本课程实施确定每周主题，安排学生根据主题开展国旗下的讲话，班主任根据每周主题开展主题班队会。课程共安排二十课时，具体实施方法如下：

（一）环境育人

"染于苍则苍，染于黄则黄"，这是古人对环境育人的精辟阐述，环境育人，润物无声。校园里有两株百年红棉，阳春三月，朵朵绽放，阳光向上。学校以"为了朵朵美丽的红棉花"为主题，以"下沙有你真好"为目标，打造校园环境，增强学校育人氛围。舞台上"为了朵朵美丽的红棉花"、"下沙有你真好"的石刻；楼梯口"风声雨声读书声声声入耳、家事国事天下事事事关心"的对联；教学楼架空层有伟人墙、学生成果墙，每间教室有"上下求索、积沙成塔"的标语；每班的班牌有本班的理念、口号等；走廊上、楼梯墙壁上，甚至厕所里都挂着学生的书画……这些环境布置，让学生产生心灵的震撼。通过美的享受和艺术的感染去净化学生的心灵，培养高尚的情操，养成良好的文明习惯，在帮助学生确立正确的人生观和世界观的过程中可以起到催化的作用，激发学生对真善美境界的向往。

（二）国旗下讲话

国旗下讲话是学校德育的重要载体，有其不可替代的价值。国旗随着雄壮的国歌在校园中冉冉升起，整个校园弥漫着庄严肃穆的氛围，能够激发学生内心的高尚情感，引起学生深度的思考。讲话内容由少先队总辅导员确定好主题,学生代表发言,充分发挥讲演的魅力,实现学生与学生的对话,讲话者与听众之间的现场交流互动,使课程的实施更具主动性和实效性。

(三)主题班队会

主题班会是学校教育活动的重要组成部分,每周利用主题班会,向学生传递"敬、静、净、雅"的素养。主题班会可通过朗诵、演小品、讲故事、辩论赛、讨论会、读书活动等生动活泼的形式开展。以学生为主体,从内容到形式,从组织到落实,基本由学生自行完成,大大地调动学生的积极性,许多学生通过自己的亲身参与,在自语自娱自悟中,让"敬、静、净、雅"的素养深入内心。

(四)榜样引领

与学校艺术教育有机结合,采用歌曲演唱、舞蹈、小品、话剧表演、器乐演奏以及绘画、书法等形式,还可开展"良好素养之星"的评比活动、举办经验交流会等等。将良好素养养成教育校本课程形象化,使学生受到生动具体的养成教育,树立具有良好素养的好学生榜样。

五、课程评价

人的素养的养成是一个终身发展的过程,存在个体差异。因此,在评价上尊重个体的差异,注重过程性评价,采取积分性评价、评选性评价、展示性评价、评语性评价、争章性评价等方式。

1. 积分性评价

每班根据"敬、静、净、雅"的素养要求,制定切实可行的班规,达到要求的可得分,达不到的则扣分,由小组长、班干部量化登记。大队部也根据此要求对每个班量化评分。

2. 评选性评价

每班每周根据量化评分的情况评出"每周之星",每月评出"每月之星"。

3. 展示性评价

通过学校橱窗展示每班评出的"每月之星"。

4. 评语式评价

每学期,老师针对学生"敬、静、净、雅"的情况写评语,表扬长处,指出不足,促进学生扬长避短,不断完善自我。

5. 争章性评价

每周评出"红棉班",并颁发锦旗。

(撰稿人　谢月明　何婉媚)

课程 1-4 毕业季

一、课程背景

六年级是学生人生中的一个关键期,一个过渡期,也是学生的人生转折点。不论是在身心方面还是在知识阅历方面,学生都渴望快速成长为一名有独立人格和思想的"大人"。我校从育人的角度开发"毕业季"课程,引领学生真正成长为感恩母校、感受美好童年、感动生命的活力阳光少年。

本课程理念是:感恩付出,积极启航。六年的小学生活对每个人来说都是非常难忘的,通过不同主题活动让小学毕业生体验毕业的喜悦、惜别之情,懂得感激父母的养育之恩和老师的培养之情,懂得爱的反馈和回报。在珍惜、感恩的美好气氛中,给孩子们的小学生活画上圆满的句号,开启新的一段人生旅程。

二、课程目标

1. 回忆母校情、师生情、同学情。
2. 展示自己的特长,树立自信心。
3. 铭记校训,树立正确的人生目标,迎接新的未来。

三、课程内容

本课程以"忠心、孝心、敬心、关心、信心"为主题分成五个板块。具体内容如下:

（一）忠心献给祖国

少年强则国强，我们是祖国的未来，我国正处在急速发展时期，要实现伟大的"中国梦"，我们重任在肩，要为中华之崛起而读书。收集整理，形成纪念册第一部分"祖国篇——小小家国梦"。

（二）孝心献给父母

我们是家庭的一员，回忆父母为我们做的点点滴滴，感恩父母的付出。爱父母，要见行动，学做一件家务，在家做力所能及的事。收集整理，形成纪念册第二部"家庭篇——深深亲子情"。

（三）敬心送给老师

我们是学校的一员，要感恩老师的付出，虽然毕业了，但永远是"下沙人"。在校园走走，想想我可以为母校做什么？收集整理，形成纪念册第三部分"校园篇——依依师生情"。

（四）关心送给他人

小学六年，少不了同学的陪伴，回忆同学们在六年来对自己的鼓励及帮助，想想我可以为同学做些什么？尝试为同学做一件有意义的事。制作手抄报"美好的回忆"，形成纪念册第四部分"班级篇——浓浓同学谊"。

（五）信心留给自己

回忆小学六年来，自己的成长足迹，想想六年来自己的收获及仍需努力的方向。尝试组织联欢会或在毕业联欢会中展示自己的特长。形成纪念册第五部分"个人篇——洋洋精彩秀"。

四、课程实施

本课程实施共安排二十四课时。具体实施方法如下：

（一）个人体验

利用课余时间，观看有关祖国发展的影片，翻看家庭相册，走走学校的每一个角落，或翻翻校园相册，回顾个人和集体的成长经历。写写身边难忘的人、事和活动。

（二）亲子互动

和父母一起回忆小学六年发生的事，向父母拜师学艺，为家人做一件力所能及的事，如洗衣、做饭等。

（三）班级沙龙

利用班会课，畅谈自己的成长故事，谈谈身边难忘的人、事和难忘的活动，对六年来在自己成长中给予过帮助的老师、同学，表示自己的感激之情。

（四）集体联欢

策划一台以"红棉花季课程展示"为主题的联欢会，展示六年来各课程的学习成果。先总体设计主题，再具体编排节目，然后分工准备，可适当寻求有关老师及家长的指导与帮助。

（五）设计制作

以小组为单位，制作手抄报"美好的回忆"。给老师、同学写临别赠言，制作纪念册，给学校写建议书。

五、课程评价

毕业季课程针对的是将要踏入新里程的毕业生，对他们的评价更注重言语的鼓励和实践过程中的表现。具体评价方式如下：

（一）家长评

家长根据孩子毕业期间的亲子交流和行为，为孩子做检查性的评价，帮助孩子发现优点和不足，鼓励孩子在不足之处努力，树立正确的人生目标，迎接新的未来，顺利完成小升初的过渡。

（二）师生共评

根据毕业期间孩子们的参与度、行为表现等，采用参与性评价，重点培养学生积极参与的信心。具体评价内容如下（见表1-3）：

表1-3 "毕业季"课程评价表

黄埔区下沙小学　　　　　　_____年___班　　　　姓名_____

评价内容		评价标准	自我评价	小组评价	教师评价
情感与态度		能积极参与活动,能主动地表达自己的见解。(10分)			
		在活动中获得成功的体验,锻炼克服困难的意志,建立自信心。(10分)			
		正确地自我评价、正确地对待他人评价、正确地对待荣誉、正确地对待困难,意志品质坚定。(10分)			
个性与发展	自我教育	能认识自我,自觉地将从事优势领域活动时所表现出来的才能和意志品质迁移到弱势领域中去,促进其不断发展,实现个人价值。(10分)			
	个性品质	能养成勤奋、独立、自律、宽容和自强不息等优秀的个性品质。(10分)			
	实践创新	具有创新意识以及实践能力,逐步形成促进自身持续发展的内动力。有独特的值得别人学习的学习方法。(10分)			
	团队合作	1. 明确自己在集体中的作用,能够评价和管理自己的行为。(20分) 2. 主动与他人合作,能够共同提出问题、解决问题;与小组成员共同完成课程作业,形成成果。(20分)			

（撰稿人　何婉媚）

第二章 好体魄：强健我们的身体

"德、识、才、学、体"是人才必备的五个要素。其中,"体"是其他要素的物质基础。良好的体魄,能够使人才思敏捷,活力四射,保持充沛的精力和旺盛的创造力,从而担当起繁重的工作,完成艰巨的任务。健康,体现着人类对自身前途和命运的最基本关怀。"好体魄"系列课程通过体育锻炼让孩子爱上体育,学会运动,在强健体质的基础上磨炼意志、陶冶情操,促进孩子身心健康成长,达到"健身、健美、健心"的三重效果,最终使孩子能够以阳光向上、积极乐观的心态去迎接人生。

体者，生命之本、载智之车、寓才之所也。一个人的身体，是他的品行、智力和才能的载体，没有好的身体，其品行、智力与才能便没有可靠的依附，纵然才华横溢，也难有大的作为。"德、识、才、学、体"是人才必备的五个要素，其中，体是其他要素的物质基础。良好的体魄，能够使人才思敏捷，活力四射，保持充沛的精力和旺盛的创造力，从而担当起繁重的工作，完成艰巨的任务。

孙中山说过："伟大的事业基于高深的学问，坚强的意志在于强健的体魄。"体育强健体魄，体育锻炼的主要价值表现在：一方面增强体质，陶冶情操，促进学生健康成长；另一方面，体育锻炼培养学生勇敢顽强的性格、超越自我的品质、迎接挑战的意志和承担风险的能力，培养学生的竞争意识、团结协作精神和公平观念。

我校"好体魄"系列课程的理念是：文明其行为、野蛮其体魄。通过体育学习，规范每个孩子的站姿、坐姿、走姿，集合时做到快、静、齐。在学习锻炼中，规范技术动作、遵守规则、尊重对手，树立"友谊第一、比赛第二"的竞技精神。强化爱国、爱党、爱人民，遵纪守法，讲究公德的意识。在当今社会，没有一个良好的身体素质和强健的体魄，就难以保证以旺盛的精力投入工作和学习，难以承受繁重的工作，难以成就一个伟大的事业。通过体育锻炼让每位孩子增强体质，提高抗病能力，增强有机体的适应能力。在小学的六年学习生涯里，让每位学生能够较熟练掌握一项或两项体育项目，通过"好体魄"系列课程的学习，让每个孩子逐年提高"国家学生体质健康测试"的成绩，充分发挥学校体育优势，促进学生德、智、体、美、劳全面发展，成就"十好少年"。

"好体魄"系列课程在"文明我们行为，野蛮我们体魄"的理念下，结合国家课程和学生的实际情况，开展丰富多彩的体育项目，在体育实践中提升学生的健康意识和身体素质，培养学生的运动技能，让每一位学生都能学会一项或两项体育运动项目。学校在一、二年级开设"奔跑吧，少年"跑步课程、"快乐足球天地"课程、"绳采飞扬"课程；在三四年级开设"快乐田径"课程、"足球小子"课程、"中国功夫"课程、"花样跳绳"课程；在五六年级开设"来吧，冠军"田径课程、"足球小将"课程、"武之精魂"课程、"跳出风采"课程。通过"好体魄"系列课程，学生不但身体素质提高，更有强健的体魄和健全的人格，养成终身体育锻炼的习惯和健康的生活方式。

"好体魄"系列课程通过直观学习、示范学习、技能练习、体育赛事等方法，让学生在课程中感受体育的魅力、运动的快乐，掌握体育技能，培养顽强拼搏、团结协助的精神。具体实施方法如下：

1. 让体育文化植根校园

想让学生喜爱上体育运动，从而进行体育锻炼，首先要让他们了解体育运动，帮助学生学会欣赏体育之美。该课程充分利用校园宣传栏，定期介绍体育知识、体育明星、体育的各项赛事和校员的体育明星（足球小子、跑步小王子等）。每个学期的第一课，为体育分享课程，通过播放体育运动视频、体育比赛精彩画面、体育明星成长故事，让学生了解体育运动，引导学生欣赏体育运动，分享体育运动带来的乐趣。每个学期定期举行体育班队会，主要宣传体育运动和体育健康知识，定期举行班级内体育特色宣传日活动或班会。每学期举行体育手抄报评比，让每个学生在不同的领域都能参与体育活动，发挥其特长，从而产生更浓厚的兴趣。

2. 专业项目进课堂

"好体魄"系列课程通过体育教学促进学生健康成长，着力于课程的趣味性。我校将学生喜爱的运动项目引入课堂，在一至六年级开设"足球"课程、"来吧，冠军"田径课程、"中国功夫"课程、"'绳'采飞扬"课程。让学生有选择地参与、学习、享受体育。让学生通过学习，体验运动的乐趣，激发学生的运动兴趣，形成健康意识和终身体育观。教师在体育课堂中渗透体育项目的竞赛规则、裁判方法、动作难度划分等，通过学习改变自身的体育素养，从外行人的"看热闹"转变为内行人的"看门道"，进一步加强对体育运动的热爱。每个年级开展足球进课堂活动，每一周每个班至少有一节专业的足球课程。一年级新生，第一个学期，开展武术进课堂活动，集体进行武术学习，通过学习每人熟练掌握一套武术操。课程以"快乐体育"为导向，大力开展大课间活动，将编排的武术操、跑操、绳操、"一校一品"足球活动融入大课间活动中，让学生在锻炼身体的同时掌握运动的基本知识、基本技术,找到自己喜爱的体育项目,使得学生乐于参加,主动地掌握健身的方法并自觉锻炼,增强身体素质,促进学生全面发展。

3. 体育赛事促成效

体育精神传递出的阳光向上、顽强拼搏、吃苦耐劳、信任合作的心理品质,与学校文化所倡导的"阳光、向上、信任、合作、感恩"的理念不谋而合,对于小学教育阶段的学生来讲,具有非常现实的激励作用。例如:我们的足球课程,将足球基本技能在教学中进行游戏化的改造并与各种比赛融为一体,营造一种有趣、活跃的气氛,充分体现足球活动的竞争属性,实现在合作中竞争,在竞争中合作的学习。为了检验好体魄课程教学的成效,促进学生学习的兴趣,提高体育技能的水平,课程定期举行校级竞技展示活动,例如"红棉杯"校园足球比赛、"阳光体育节"田径运动会、"跳出风采"跳绳比赛、"我是武王"武术比赛等。通过班级竞赛,让每个孩子都有展示自我的平台,并培养学生顽强拼搏的精神、团队合作意识和荣誉感。自从"红棉花季"体育课程开设以来,学校每年通过校级赛事选拔出优秀学生代表,参加市、区级各项比赛,均获得好成绩,学生的体质水平也逐年提高。

中国教育家蔡元培说过:"有健全之身体,始有健全之精神。若身体柔弱,则思想精神何由发达。""好体魄"系列课程让每位学生通过体育锻炼,成为一个身心健康、遵纪守法、有公德心和具有良好适应能力的人,每个学生都能以阳光向上、积极乐观的心态去迎接人生。体育作为人类活动的重要形式,在人的社会化过程中起着不可替代的作用,学校体育是成就完美人生的有效方法,体育锻炼不仅增强体质,还能调动学习兴趣、启迪思想、陶冶情操、弘扬道德,培养学生团结协作的精神。

(撰稿人 严沛凤)

课程 2-1

来吧，冠军

一、课程背景

为更好的全面贯彻"健康第一"的指导思想，落实《中共中央国务院关于加强青少年体育增强青少年体质的意见》的精神，在"下沙有你真好"的学校文化引领下，学校进一步推进新课程改革。田径课程的实施始终围绕学校培养目标，为培养全面发展的人打好基础，以与区体校合作方式，获取优秀的师资保障，让运动健儿们在专业团队的指导下，快速提升身体素质和技能，培养孩子们大胆拼搏、勇争第一的信心。

本课程理念：增强体质，勇闯冠军。田径运动有着其他运动无法替代的优势，学生通过锻炼，力量、耐力、速度、灵敏、变向、柔韧等身体素质都会得到有效提高，身体机能得到全面发展。通过参加各种赛事，培养学生勇敢顽强的意志品质，并在比赛中实现自我价值。

二、课程目标

1. 认识田径的基本知识，掌握跑、跳、投技术动作要领，运用技术进行比赛。

2. 发展力量、耐力、速度、灵敏、柔韧等身体素质，培养良好的心理素质和顽强拼搏、团结协作精神。

三、课程内容

本课程以"认识田径、掌握技术、比赛练习"为主题，将内容分成三个模块,包括田径的起源、田径的分类、田径技能训练。

(一)田径的起源

在原始社会,人类为了生存,进行渔猎或与猛兽搏斗,不得不通过走、跑相当的距离、跳越各种障碍、掷击石块等手段而获取食物。由于不断重复这些动作,逐步提炼形成了走、跑、跳跃、投掷等技能,并把这种技能传给下一代,成为原始社会主要的教育内容。此外,走、跑、跳跃、投掷的娱乐和竞赛也逐步萌生,人们将走、跑、跳跃、投掷等直接的生活动作发展为竞赛,并引起人们的兴趣,这正是田径运动的雏形,田径运动是由人们进行竞技和锻炼身体的走、跑、跳跃、投掷等身体练习组成。"田径运动(track and field 或者 Athletics)"一词源于英国,19世纪末欧美体育传入中国,并称之为"田径运动"。

(二)田径的分类

田径或称田径运动,是田赛、径赛和全能比赛的简称。现代田径运动主要包括竞走、跑、跳跃、投掷以及由跑、跳、跃、投掷的部分项目组成的全能运动,共计四十多项。田径运动中以时间计算成绩的项目叫径赛,以高度或远度计算成绩的项目叫田赛。全能运动项目,则是以各单项成绩按《田径运动评分表》换算分数计算成绩。

(三)田径技能训练

第一阶段:快速跑

1. 掌握起跑的动作要领。

2. 掌握途中跑的动作要领。

3. 掌握冲刺跑的动作要领。

4. 掌握30米的全程跑动作要领。

5. 掌握弯道跑的技术动作要领。

第二阶段:耐久跑

1. 掌握耐久跑的动作方法。

2. 发展学生自身耐力素质。

3. 培养学生吃苦耐劳精神。

第三阶段：接力跑

1. 掌握传接棒的基本方法。

2. 培养学生传接棒空间的感觉。

3. 培养学生团结合作的意识。

第四阶段：跳跃练习和力量练习

1. 掌握跳跃的方法。

2. 发展弹跳的能力。

3. 提高学生的平衡性和力量。

第五阶段：比赛

1. 了解田径规则。

2. 组织模拟比赛。

四、课程实施

本课程共十六课时，学生需要搜集整理所学的田径知识，教师则需要提前做好训练计划、田径运动会比赛方案，具体实施方法如下：

（一）田径知识找找看

先布置学生搜集、整理田径知识，例如田径的起源、田径的分类。学生在查阅资料的过程中，可以大概了解田径的相关知识，对田径的各种技术有大概的认识。课堂内通过老师的讲解，学生掌握正确的理论知识，在课内互相交流，老师给予适时的点拨，使学生对田径知识有深刻的了解。掌握田径相关知识，加深对田径的了解，学生能自然过渡到学习训练当中，丰富他们的知识面，激发对田径的好奇心和学习田径的兴趣。

（二）田径技能练练看

田径技能学习首先要进行基本功训练，主要采用身体素质训练的方式，训练学生掌握田径的基本能力和技术动作。通过训练使学生身体的各个部位得到适当的拉伸，增强身体的灵活性和协调性。同时，初步掌握跑的技能，掌握各种训练方法，提高身体素质。训练四周后，根据学生的身体条件和技术动作的要求,帮助学生选择适合自身特点的项目。每天进行统一的集体热身运动和拉伸练习,再进行分组分项目练习。采用分组练习,让学生掌握不同项目的技术特点,提高学生的技术水平,提高学生身体各部分的协调性和灵活性,促进骨骼发育,提高身体素质,为体育测试和体育竞赛打下基础。

(三)田径赛事比比看

在田径教学过程中,将技术动作融入游戏中,让学生在轻松、有趣的氛围下掌握动作。根据不同的项目开展分组比赛,通过距离比赛、远度比赛、高度比赛、追逐跑等培养学生的合作意识及竞争意识。每年举行学校田径运动会,每个项目奖励前六名,并颁发奖状。同时算团体总分,按照分数高低全校奖励前六名,颁发锦旗给班级以示鼓励。每个项目前三名同学将代表学校参加一些更大型的田径比赛(如黄埔区中小学生田径运动会、中小学生精英赛等)。通过比赛,培养学生顽强拼搏、战胜困难、团结协作的精神,同时感受体育带给自己的魅力。

五、课程评价

本课程活动以鼓励、激励为主,旨在带动学校体育的发展,提高学生的综合素质。课程评价强调形成性评价与终结性评价相结合,自评、小组评、老师评相结合,注重评价以学生为主体。

(一)选拔性评价

每年学校举办"校园田径运动会",通过比赛选拔出一批优秀的学生,继续参加黄埔区举办的"中小学生田径精英赛"和"中小学生田径运动会"。

(二)排行榜评价

通过课堂集奖牌形式,对学生的参与度、掌握技术动作等进行评价。评价分为自评、小组评、老师评三种形式,获得 1 个奖牌为铜牌运动员,2 个奖牌为银牌运动员,3 个奖牌为金牌运动员。具体评价方式如下(见表 2-1):

表2-1 "金牌运动员"评价表

评价人：_____   日期：_____

具体项目	自评	小组评	老师评
快乐参与	🏅🏅🏅	🏅🏅🏅	🏅🏅🏅
我能做出所学技术动作	🏅🏅🏅	🏅🏅🏅	🏅🏅🏅
我知道动作技术要点，并正确做出动作。	🏅🏅🏅	🏅🏅🏅	🏅🏅🏅
我爱观看比赛，并且能分析技术动作	🏅🏅🏅	🏅🏅🏅	🏅🏅🏅
我能跳得更高，跑得更快，投得更远	🏅🏅🏅	🏅🏅🏅	🏅🏅🏅
我能运用所学技术进行体育测试和比赛	🏅🏅🏅	🏅🏅🏅	🏅🏅🏅
我是小冠军	🏅🏅🏅	🏅🏅🏅	🏅🏅🏅

（撰稿人　严沛凤）

课程 2-2

快乐足球天地

一、课程背景

足球运动是一项融集体性、对抗性、健身性、教育性、趣味性、娱乐性于一体的运动项目。在"下沙有你真好"的学校文化引领下，我们将足球课程文化融入学科教学和活动中，使学生增强体能、掌握技能、健全人格、陶冶情操、体验快乐，培养学生勇于拼搏、团结互助的精神，落实"好品格、好体魄才会有好人生"的办学理念，全面实施素质教育，培养有品格、有智慧、有体魄的阳光少年。

足球教学是体育教学中不可缺少的重要板块。小学《体育与健康》教材非常重视足球运动的教学，同时人教版出版了专门的中小学校园足球用书，本课程的最大特点是互动性强，学生在比赛中往往要采用各种符合规则的奔跑、转身、跳跃、冲撞等动作，在活动中与对手展开激烈的争夺。足球运动又是一项集体项目，要求每个学生做到齐心协力，密切配合，充分发挥班级集体力量。教师通过游戏和练习进行授课，每个课堂都包括无组织的娱乐，加上有组织的活动，在不驾驭学生的情况下对他们提出课堂任务，使学生能够自主学习、尝试、吸收战术原理。

本课程的理念是：快乐足球，我行我秀。本课程适应对象为一二年级的学生。通过课程学习，让学生从小接触足球，体验足球运动的快乐，培养对足球的兴趣。同时，提升学生体质，发展身体素质，锻炼学生的意志品质。通过每学期一次的班级足球赛，促进学生团体合作、彼此信任，获得成功的体验。

二、课程目标

1. 懂得足球常规知识,尝试在游戏和比赛中运用它们,培养对足球运动产生浓厚的兴趣,增强团队合作意识。
2. 掌握熟悉球性动作中的三个技术动作,足球颠球十个,足球运球和足球踢球动作各一种技术和方法。

三、课程内容

本课程以"快乐学习,运用技术,体会足球带来的魅力"为主题,将内容分为三个模块,包括足球的源起、足球的分类、足球技能的学习。

（一）足球的源起

足球起源于中国古代的体育游戏"蹴鞠"。蹴鞠始于战国,兴盛于唐宋,衰落于明清,是世界上最古老的足球活动,中国因此被国际足联认定为古代足球运动的发源地。现代足球运动则起源于19世纪中叶,并在此后的一百多年间,其以特有的魅力在全世界范围逐步普及和发展,吸引了无数参与者。其中,四年一届的"世界杯"足球赛,已成为全世界足球爱好者的节日和盛大庆典。现代足球运动已发展成为与国家荣誉和声望相联系的"世界第一运动"。国际化的青少年足球赛事为推动世界各国青少年足球发展起到了重要的作用。创始于1975年,享有"小世界杯"美誉的"哥德堡杯"世界青少年足球锦标赛已成为全球规模最大、国际化程度最高的青少年足球比赛,我国曾多次派代表队参加该项赛事,进一步提高了我国足球运动的普及程度和影响力。

（二）足球的技术

1. 无球技术

起动:原地起动,活动中起动。跑:快跑、冲刺跑、曲线跑、折线跑、侧身跑、插肩跑、后退跑。急停:正面急停、转身急停。转身:前转身、后转身。假动作:无球假动作。

2. 有球技术

踢球：脚背正面、脚背内侧、脚背外侧、脚内侧、脚尖、脚用。停球：脚内侧、脚底、脚背正面、脚背外侧、胸部、腹部、大腿、头部。顶球：前额正面、前额侧面。运球：脚背内侧、脚背外侧、脚背正面、脚内侧。抢截球：正面抢截球、合理冲撞、抢截球、侧后铲球及断截球。假动作：有球假动作。掷外接球：原地掷球、助跑掷球。

3. 守门员技术

准备姿势、移动、选位、接球、扑接球、击球、托球、掷球、踢球。

（三）足球技能的学习

第一阶段：基本技术

学习颠球、运球、传接球、射门、头顶球。

第二阶段：基本配合

（1）短距离传接球练习。

（2）二过一配合练习。

（3）长距离传球练习。

（4）跑动中传球。

（5）带球突破技术练习。

（6）一对一攻防转换练习。

第三阶段：规则与比赛

（1）讲解足球场上的位置、站位、跑动。

（2）组织教学比赛。

第四阶段：足球技能考核

四、课程实施

本课程共十六课时，学生需要搜集整理所学的足球知识。教师提前制定校园足球比赛的方案。具体实施方法如下：

（一）足球连连看（直观教学）

学生的好奇心比较强，但对单一事物容易缺乏持久的兴趣。对此，适时地利用课内外的一些时间组织学生观看球赛,参加一些球类游戏,可以激发并保持学生对球类运动的兴趣。学生通过观看一些与比赛相关的多媒体资料(如比赛视频、图片等),在老师的指导下对足球技术动作进行区分。在这个过程中,学生不仅收获了足球知识,而且学会对足球技术动作进行分析,把握技术动作运用的时机,为后期技术学习奠定扎实基础。在教学过程中,教师可利用每节课前五分钟进行球性练习,以各种足球实物为工具,将脚内侧运球技术、脚内侧踢球技术与体能练习有效地设计成各种教学情境,并融合多种适合学生年龄特征和项目特点的活动形式,提高足球技术练习的趣味性,通过增加游戏活动的练习次数和学生接触球的次数,增强学生的球感。

(二)足球大舞台(技能教学)

教师讲解及示范技术动作时要具有趣味性、合理性、启发性,抓住重点,突出难点。在促进学生积极思考问题的情境下,教师讲解技术动作要领要清晰,示范动作要规范,做到先完整示范,后分解示范,分解后再完整示范,使学生更易懂、易学、易控。学生通过教师指导,进行小组或个人练习,由无球练习到有球练习,由有球练习到活动球练习,由活动球练习到多种连贯技术动作练习,使学生在不断探索、不断挑战自我的练习中获得技术知识与经验。

(三)小小世界杯(赛事教学)

将足球基本技能进行游戏化的改造并与各种比赛融为一体,营造一种有趣、活跃的气氛,充分体现足球活动的竞争属性,形成在合作中竞争、竞争中合作的教学文化。把足球基本动作的练习变成学生与学生之间、组与组之间单个动作和成套动作的比赛。譬如,开展多人一组运球速度比赛、踢球次数比赛、多人结队比赛等,并且每学期举办校园足球班级联赛,定期对学生裁判员进行培训,比赛分为初赛和决赛,初赛以淘汰赛、决赛以排名赛的性质呈现,每年级取前两名为获胜者,并颁发奖状给予鼓励。学生可以运用已经习得的技能参与足球比赛,享受足球比赛带来的乐趣,培养良好的合作与竞争意识。

五、课程评价

课程注重培养学生守纪律、爱集体、懂礼貌、爱学习、勇于吃苦、意志顽强的品质,使其能够全面发展。本课程在评价方式上,要求做到形成性评价与终结性评价相结合,师生根据在课堂学习和比赛过程中的表现进行反馈与总结。评出"文明小球迷"和"下沙足球梦之队",获得一个赞为一般,两个赞为表现良好,三个赞为优秀。

(一)"快乐小球迷"评选活动

课程活动以鼓励、激励为主,旨在带动学校体育的发展,提高学生的综合素质,不以学业质量为评价标准,具体采用自评、小组评、师评相结合的方式开展。具体评价方式如下(见表2-2):

表2-2 "快乐小球迷"评价表

评价人:_____　　　　　　　　　　　　　　　　日期:_____

具体项目	自评	小组评	老师评
我能正确的理解足球知识	👍👍👍	👍👍👍	👍👍👍
我知道足球的来源和历史	👍👍👍	👍👍👍	👍👍👍
我颠球能达到十个以上	👍👍👍	👍👍👍	👍👍👍
我能掌握熟悉球性动作中的五个技术动作	👍👍👍	👍👍👍	👍👍👍
我能掌握并运用脚内侧踢球技术动作	👍👍👍	👍👍👍	👍👍👍
我能掌握并运用脚内侧运球技术动作	👍👍👍	👍👍👍	👍👍👍

(二)"下沙足球梦之队"评选活动

团队活动以团队中的合作互助为主,旨在带动学校体育的发展,提高班级集体荣誉感,建立生生间、师生间的友谊之桥,在过程中培养互相帮助、顽强拼搏的体育精神。采用团队自评、团体互评、老师评相结合的方式,具体评价方式如下(见表2-3):

表2-3 "下沙足球梦之队"评价表

评价人:_____   日期:_____

具体项目	团体自评	团体互评	老师评
我们能正确地理解足球规则	👍👍👍	👍👍👍	👍👍👍
我们能代表班级参加班级足球赛事	👍👍👍	👍👍👍	👍👍👍
我们能在竞技活动中展现合作互助,顽强拼搏的精神	👍👍👍	👍👍👍	👍👍👍
我们能带动班级其他同学热爱足球运动	👍👍👍	👍👍👍	👍👍👍
我们可以将足球技能学以致用	👍👍👍	👍👍👍	👍👍👍

(撰稿人　陈奕阳　陈建勋)

课程 2-3 中国功夫

一、课程背景

在"下沙有你真好"的核心文化引领下,通过"红棉花季课程"("1+N"教育课程体系),武术进一步推动学校素质教育的深入发展,提升学生的综合素质能力,形成学校的一个品牌课程。武术在我国有悠久的历史,随着时代的变化,武术逐步成为中国近代体育的有机组成部分。习武一来可以强身健体,二来可以防御敌人进攻。习武之人以"制止侵袭"为技术导向,引领修习者进入认识人与自然、社会客观规律的传统教化(武化)方式,为人类物质文明提供导向和保障。

本课程理念:强身健体,修身养性。武术可以改善和增强体质,提高防身自卫能力,磨炼意志,培养道德。通过学习武术,学生能自主、大胆地演练武术,乐于参与武术训练,在学习中形成乐观心态。本课程适合对象为三、四年级学生。

二、课程目标

1. 了解武术知识,认识并学习武术基本动作。
2. 激发学习武术的兴趣,培养意志品质。

三、课程内容

本课程以"学习中国功夫,强身健体,热爱中华民族"为主题,将内容分为四个模块。

（一）武术概述

该模块主要介绍武术的起源与作用。武术起源于中国,中国武术是中华民族在长期的生产劳动、与大自然的搏斗和冷兵器时代的战争中逐步形成与发展起来的一种体育项目,具有健身、护体、防敌、制胜的作用。武术具有强身健体的作用,通过学习武术锻炼意志,培养品德,练武对意志品质考验是多面的。练习基本功,要不断克服疼痛关,"冬练三九、夏练三伏",常年有恒,磨炼坚持不懈的意志品质。套路练习,要克服枯燥关,培养刻苦耐劳、砥砺精进、永不自满的品质。遇到强手克服消极逃避关,锻炼勇敢无畏、坚韧不屈的战斗意志。经过长期锻炼,可以培养人们勤奋、刻苦、果敢、顽强、虚心好学、勇于进取的良好习性和意志品质。

（二）武术基本功

武术基本功分为肩功、腰功、腿功、手形、手法、步形、步法、跳跃、平衡、跌扑滚翻和组合动作。武术基本功是初学者的入门功夫,更是武术教学的基础和关键。通过基本功和基本动作的练习,可使身体各部位都得到比较全面的训练,并能较快地发展武术运动的专项身体素质,为学习拳术和器械套路、提高运动技术水平打下良好的基础。

（三）武术套路

武术套路运动,其动作包含屈伸、平衡、跳跃、翻腾、跌扑等,人体各部位几乎都要参与运动。系统地进行武术训练,对人体速度、力量、灵巧、耐力、柔韧等身体素质要求较高。武术运动讲究调息行气,对调节内环境的平衡,调养气血,改善人体机能,健体强身十分有益。

（四）技能学习

第一阶段：武术基本手型练习,包括拳、掌、勾手。

第二阶段：武术的基本步型,包括马步、弓步、仆步、虚步、歇步。

第三阶段：武术基本的腿法,包括弹踢、蹬腿、正踢腿、侧踢腿。

第四阶段：武术基本功串联,包括双拍脚、外摆腿、里合腿、马步架掌冲拳、马步架掌、左右仆步穿掌。

第五阶段：武术组合练习。

组合一：并步抱拳、上步搂手、马步击掌、弓步双摆、掌弓步勾手撩掌、弹踢推掌、马步击掌、并步抱拳。

组合二：并步抱拳、插步双摆掌、弓步勾手击掌、提膝穿掌、仆步穿掌、弓步架掌冲拳、插步双摆掌、并步抱拳。

第六阶段：武术操，包括全国中小学系列武术健身操——"旭日东升"、少年拳第一套。

第七阶段：武术考核。

四、课程实施

本课程共十六课时，学生需要搜集整理所学的武术知识。教师则需要制定校园武术比赛的方案。具体实施方法如下：

（一）直观教学

利用教学录像、图片给学生以直观的感受，指导学生了解武术的分类、武术的特点。通过观看武术的民族特色名人故事、电影、运动健体的有关标语，利用墙报、校园广播、校园网、校报等宣传阵地，提高全体师生参加武术学习的积极性与自觉性。开展以"学习中华武术的深远意义"为主题的班队会，把武德培养、武术精神逐步融入到学生的血液中。

（二）示范教学

武术教学以技术教学为主，主要采取示范教学的方式。示范在直观教学中占主导地位，示范要力求做到准确、熟练、优美，并突出武术特点。它可以使学生了解所学动作的形象、结构、要领和方法，是学生通过直观的认识获得动作概貌的主要手段。根据武术教学内容的复杂性，可以采用完整示范法和分解示范法。完整示范法可以使学生了解动作全貌，建立正确的动作概念，更好地掌握技术动作。分解示范法是针对比较复杂、难度较大的动作所进行的教学方法，便于学生了解动作的细节，更好地掌握动作。

（三）赛事教学

每年定期举行"武林盟主比赛"，个人项目奖励前六名，并颁发奖状。

团体项目,按照分数高低全校奖励前六名,颁发锦旗给予班级鼓励。每个项目前三名的同学将代表学校参加一些更大型的黄埔区中小学生武术比赛,团体比赛的第一名代表武术社团参与每学期"红棉花季课程"展示。通过比赛检测学生对武术动作掌握的熟练程度和动作的规范性,给学生提供展示的舞台,激发学生热爱武术运动的情感,通过比赛,培养学生顽强拼搏、勇于进取的精神,同时增强集体荣誉感。

五、课程评价

本课程采用多样的评价方法,重视学习成果评价,更重视过程评价。重视开展学生之间的互评和自评,鼓励学生通过比赛充分表现自己。提出注重个体的全面发展与激发兴趣相结合的评价标准,运用过程性评价与终结性评价相结合的方式。

(一)点赞式评价

本课程活动以鼓励、激励为主,旨在带动学校体育的发展,提高学生的综合素质,不以学业质量为评价标准,强调自评、小组评、师评相结合,获得一个赞为一般,两个赞为表现良好,三个赞为优秀。具体评价方式如下(见表2-4):

表2-4 "功夫小子"评价表

具体项目	自评	小组评	老师评
我能正确地理解武术含义	👍👍👍	👍👍👍	👍👍👍
我知道武术的起源和历史	👍👍👍	👍👍👍	👍👍👍
我掌握基本的步法和手法	👍👍👍	👍👍👍	👍👍👍
我能掌握武术的基本套路	👍👍👍	👍👍👍	👍👍👍
我能正确熟练做出武术套路	👍👍👍	👍👍👍	👍👍👍
我能创编武术套路	👍👍👍	👍👍👍	👍👍👍

（二）考核评价

根据所学的技术进行考核评价，每人打一套武术套路，按照武术规范要求进行评价，最终评定等级。具体评价如下（见表2-5）：

表2-5 "武林盟主"星级评价表

	完成情况	成绩	等级
武术套路技术考核	套路熟练，动作规范，劲力协调，符合动作要求，精神饱满，风格特点体现明确者	9—10分	五星
	套路比较熟练，动作较规范，劲力较协调，较符合动作要求，精神较饱满，风格特点较体现明确者	8—8.9分	四星
	能够基本完成套路，动作基本正确，基本符合动作要求，能基本体现武术套路风格特点者	7—7.9分	三星
	套路完成差，动作规格完成差，体现不了风格者	6—6.9分	二星
	凡不能独立完成套路者	6分以下	一星

（撰稿人　龚国祥　严沛凤）

课程 2-4 "绳"采飞扬

一、课程背景

跳绳运动是我国民俗健身运动项目之一,随着社会的发展、时代的进步,国际跳绳比赛频繁举行,在国家体质监测和中考体育考试中都设有跳绳这项目,可见跳绳教学在整个小学体育课中的地位越来越高,影响也越来越大。我校在一、二年级开设"'绳'采飞扬"课程,结合阳光体育大课间和每日锻炼三十分钟活动,人手一根绳,养成天天练绳的习惯,形成人人参与的生机勃勃的校园体育氛围。

本课程理念:跳出健康,跳出风采。跳绳是脑、手、脚、身、绳融合无间的全身运动,学生通过跳绳练习协调性、速度、耐力和弹跳力。通过每日练习,能够使神经系统得到很好的锻炼,促进新陈代谢,增强心肺功能,增强上下肢肌肉力量,促进骨骼的生长发育,全面提高身体素质,增强意志。学生还可以根据自己的喜爱和需要进行花样创编,玩出快乐,玩出创造力。

二、课程目标

1. 了解跳绳的历史与文化,基本掌握正确的跳绳姿势。
2. 提高跳绳运动的兴趣,能够初步跳出花样姿势。

三、课程内容

本课程以"学习跳绳,增强体质,快乐创编"为主题,将内容分为四个模块。

（一）跳绳的起源

跳绳最早起源于中国，原属于庭院游戏类，后发展成民间竞技运动，距今至少有一千多年的历史了。单人跳绳早在古代南北朝时便已出现，多人跳绳则至明代始见记录。跳绳对促进少年儿童的灵敏、速度、弹跳及耐力等身体素质，皆有好处。因此，跳绳运动一直流传至今。跳绳有着上千年的历史，有着丰富的传统文化内涵。它是我国体育文化中的瑰宝，是前人通过积累生活经验创编形成的，是古人多年来的智慧结晶，是我国劳动人民在生产力低下的情况下，锻炼身体、增强体质的运动方式。我们要加以保护，弘扬民族传统体育文化。跳绳是一项既有体育性，又兼备娱乐性和表演性的运动，参加跳绳运动能调整心态，减轻工作压力，改善情绪，愉悦身心，有助于培养运动者良好的心理素质，消除疲惫，增进人际交往，减少疾病，增强自信。在集体跳绳运动中，还能培养运动者团队协作、勇敢和坚韧不拔的精神。

（二）跳绳的分类

1. 根据绳的长短可以分为短绳跳和长绳跳；
2. 根据摇绳方式可以分为正摇跳、反摇跳、正反双摇跳；
3. 根据参加人数可以分为单人跳、双人跳、多人跳；
4. 根据运动花样可分为速度跳绳、体力跳绳、行进跳绳、花样跳绳。

（三）跳绳的课程设计

第一阶段：体育常识——课堂常规

　　　　　体验性内容——跳跃之双脚连续跳上跳下

　　　　　延伸性内容——双脚交换跳单绳

第二阶段：体验性内容——双脚交换跳单绳看谁跳得多

　　　　　体验性内容——并脚跳单绳

　　　　　体验性内容——并脚跳单绳看谁跳的多

第三阶段：运动参与——行进间跳绳

　　　　　运动参与——跳绳游戏

第四阶段：体验性内容——绳操

    体验性内容——绳操和跳绳游戏

    体验性内容——跳绳

    体验性内容——行进间跳绳比赛

  第五阶段：运动参与——跳绳

    延伸性内容——体验双飞

    体验性内容——跳绳，游戏

    运动参与——自己创新跳绳

  第六阶段：体验性内容——考核跳绳

四、课程实施

  本课程共十六课时，学生需要搜集整理所学的跳绳知识。教师则需要提前设计跳绳知识表格，制定校园跳绳方案。具体实施方法如下：

  （一）跳绳知识搜一搜

  教师提前设计跳绳知识表格（包括跳绳的起源、跳绳的分类、跳绳的方法等）发放给学生，让学生课后进行搜集、填写。学生通过查阅资料，观看视频，网络查找，了解跳绳的相关知识和技术方法。课堂内老师进行讲解，主要向学生介绍一些有关跳绳的知识和窍门以及一些安全常识等。介绍跳绳的训练方法、动作要领等，以便学生自学。

  （二）跳绳技能甩一甩

  跳绳教学，教师讲授、指导少而精，尽量让学生多练、多动，多给学生尽可能多的时间与空间。教学内容、方法应以学生的实际情况而定，教师从学生的能力、效果等差异出发因材施教，灵活地进行内容和形式上的调整，使全体学生都得到发展。及时做好待达标生的辅导工作，反复讲解示范，必要时手把手教，同时可以请优秀学生演示，使得学生更好掌握跳绳技术。通过观看跳绳的录像，提高他们的学习兴趣。开展家校结合跳绳训练计划，设计好训练表格，每个月发放给学生，月底收回。每天及时和家长联系，了解学生回家的练习情况，让家长来督促学生，使他们尽快地学会跳绳。

(三)跳绳赛事赛一赛

在跳绳教学过程中,将知识技能学习融合游戏和比赛进行教学,让学生在轻松、有趣、竞争的氛围中进行学习,采用分组比赛、双人叠加比赛、集体跳绳比赛、速度赛等,培养学生的合作意识及竞争意识。将跳绳融入"阳光体育"大课间,让每个学生每天都可以进行跳绳运动。每学期对跳绳项目进行测试,测试成绩作为学生期末成绩的一部分。每学期举办校园跳绳联赛,比赛分为个人赛和接力赛,奖励前六名。每个年级的第一名代表学校参加黄埔区中小学生跳绳比赛。在一、二年级开展学生和家长合作短绳"亲子"快乐体育活动,带动家庭亲子运动,进一步建立家校共育的基本理念,同时强调亲子运动是孩子成长的重要元素,让孩子的童年更阳光、更健康、更快乐,做一个健康向上、充满活力的小学生,让爱伴随着美好的童年。

五、课程评价

本课程评价方式同"中国功夫"相似,可采取多样的评价方法,重视学习结果的评价,更重视过程的评价。重视开展学生之间的互评和自评,鼓励学生通过比赛充分表现自己。提出注重个体的全面发展与激发兴趣相结合的评价标准,运用过程和结果相结合的评价体系,自评和互评相结合。

(一)点赞式评价

本课程活动以鼓励、激励性为主,旨在带动学校体育的发展,提高学生的综合素质,不以学业质量为评价的方式。要求做到形成性评价与终结性评价相结合,自评、小组评、师评相结合,获得一个赞为一般,两个赞为表现良好,三个赞为优秀。具体评价如下(见表2-6):

表 2-6 "跳绳小飞人"评价表

具体项目	自评	小组评	老师评
我能正确地理解跳绳知识	👍👍👍	👍👍👍	👍👍👍
我知道跳绳的起源和历史	👍👍👍	👍👍👍	👍👍👍
我跳绳能达到 100 下以上	👍👍👍	👍👍👍	👍👍👍
我能掌握花样跳绳中的 3 个技术动作	👍👍👍	👍👍👍	👍👍👍
我能创编跳绳动作	👍👍👍	👍👍👍	👍👍👍
我能创编跳绳动作并且组合成套路	👍👍👍	👍👍👍	👍👍👍

（二）赛事评价

举行一分钟跳绳比赛（评价标准见表 2-7），给学生充分展示自己的舞台。通过比赛，学生感受到团结协作的精神，能够积极主动练习跳绳技术。根据比赛的结果，颁发奖状。

表 2-7 一分钟跳绳技能评价标准（男女相同）

跳绳类别	评价等级		
短绳	优秀	良好	及格
	120 以上	80—119	60—79
长绳（12 人）	50 以上	30—49	20—29

（撰稿人　严沛凤）

第三章 好口才：展现儒雅的修为

一个口才好的人说话能拨动人们的心弦，总是处处受到欢迎。具备良好的语言表达能力，能让自己在交往中言辞准确、应变机敏、处变不惊，展示出个人良好的修养和气度。"好口才"系列课程注重语言的积累以及对语言理解、运用能力的训练，利用各种赛事活动，增强孩子的自信心，提升孩子的组织能力、逻辑思维能力、情绪控制能力，促进孩子的全面发展。

《毛遂自荐》中说："一言之辩,重于九鼎之宝;三寸之舌,强于百万之师。"语言是学习、思维和交际的工具,一个有好口才的人说出来的话大都能拨动人们的心弦,如同具有一种魔力,操纵着人们的情绪。好的口才无疑是人际关系的润滑剂,是人生成功的重要因素。如果从小锻炼孩子的演讲、解说、辩论、主持等能力便可以增强孩子的自信心,提高孩子的心理素质,对孩子的前途将产生非常大的影响。成功学大师卡耐基曾说:"一个人的成功,15%取决于知识和经验,85%取决于沟通能力——发表自己意见的能力和激发他人热忱的能力。"可见,语言表达的力量是巨大的。在很多重要的人生机遇面前,口才扮演着越来越重要的角色。

教育专家常说这样的话:"语言是思维的外壳。"思维是口才的基础,口才是思维的表达。能说会道的人一般都头脑聪慧,思维敏捷。口才与思维是相互促进的。讲话者如果具备良好的思维,讲话时能冷静机智,应对得当,便会使讲话过程更加生动,从而优化传播效果。

口才在交际中的作用非常重要。人总是要不断地接触新人,结交朋友,在人际交往中,有口才的人总是处处受到欢迎。大的如国际间外交对话,可以把残酷的战争化解在谈判桌上;小的如面对人与人的纠纷,一番劝解,就可熄灭"战火",和解关系。我国古代有"一言可以兴邦,一言也可误国"这样的结论,充分说明口才在交际中的作用重大。

由此看来,好口才可以帮助孩子提高情商、智商、表达、表现等综合素质与能力,培养自信心,使孩子天性更加开放,组织能力、思维能力更加优秀突出。

我校开设的"好口才"系列课程的理念是:好口才,成就精彩人生。本课程通过训练孩子、挖掘孩子的语言天赋,提高孩子讲述、谈话、听赏、阅读等语言能力,进而培养儿童良好的口语表达能力和表现能力,开发儿童在众人面前敢于说话和主动与人交流的综合能力。同时,挖掘孩子的表演天赋,增强孩子的自信心,让孩子提升他们的内在品质、内涵素养,达到"外有口才、内有素质"的效果,促进孩子活泼开朗性格的形成。

"好口才"系列课程是以国家基础课程和学科拓展课程相结合,构建成听、说、读、写、评、演、赛为一体的课程体系。各年级除基础课程外,还通过拓展课程来挖掘和提升学生的语言能力,帮助孩子达到敢说、能说、会说、善说的目的。根据课程目标,一年级开设了"英语口语、有趣的象形字、经典诵读、我手写我心、悦读笔记、我是小主持"等课程;二年级开设了"英语口语、有趣的象形字、经典诵读、我手写我心、悦读笔记、字典小达人、我是小主持"等课程;三年级开设"我爱绘本、一拼到底、经典诵读、我手写我心、悦读笔记、成语快车"等课程;四年级开设"走进成语乐园、经典诵读、我是小导游、一拼到底、红棉广播站"等课程;五年级开设"经典诵读、一拼到底、红棉广播站、我手写我心、悦读笔记、我是小辩手、舞台剧、社会调查"等课程;六年级开设"我是小辩手、畅游诗词天地、一拼到底、英语剧社团、我手写我心、悦读笔记、红棉广播站、绘声绘色说英语"等拓展性课程。这些丰富多彩的课程,能使学生有更多语言积累、语言表达的机会,让学生成为"自信的表达者,能积极思考的听众",达到促进孩子语言发展的目的。

"好口才"系列课程通过课堂教学、社团活动、学科竞赛、舞台展示、参观、访谈、习作、辩论、演讲等方式开展,丰富学生的学习生活。

(一) 课堂教学

课堂上说的机会无处不在,回答问题、学生间交流、对同学做出评价都离不开说。教师利用课堂教学时间指导、帮助、纠正,让学生从"能说"过渡到"会说"。教师在进行课堂教学时,指导学生掌握说的方法,明确说的目的。在回答问题的时候,给予学生充分的思考时间,提醒学生要说完整、说流利,指导学生文明得体地交流,耐心专注地倾听,自信、负责地表达自己的观点。在同学间交流时,让孩子们学会倾听别人意见,能对别人发言做出反馈、评价,表述自己的观点。另外,教师还需根据教学的内容,给学生创设符合生活实际和教学需要的情景,并引导学生扮演其中的角色,让学生有一种身临其境的感觉,从而激发学生的学习主动性。在教学中积极开展小组合作、自主探究的学习方式。教师引导得法、评价得当,学生听的能力、说的能力、合作意识才会得到发展,从而增强兴趣和信心,提升口才。

(二) 实践学习

好口才的形成,课堂教学是主渠道,但这是远远不够的。好口才的形成,还需要学生在大量的实践活动中加以锻炼。丰富的实践活动为口才训练提供更广阔的天地,例如"经典诵读"、"走进成语乐园"、"畅游诗词天地"和"有趣的象形字"等课程,学生在积累诗词、成语,了解象形字的过程中,朗读能力、理解能力得到了提升,学生在丰富词汇,增长知识的同时,能提高自身品德修养,陶冶情操。通过"绘声绘色说英语"、"英语剧"和"舞台剧"等实践活动,学生在各种角色的扮演中,认真揣摩人物的性格、行为以及说话的语音、腔调,使学生在实践活动中掌握语言表达的技巧,知道怎样说才能增强感染力和说服力。

(三) 展示交流

学生通过课堂的学习和丰富多彩的实践活动,掌握一定的表达技巧,也具有一定的表达能力。我们还要鼓励孩子多上台表现,使孩子从想说到要说到敢说逐步提高,从而锻炼自我,激发潜能。所以,"好口才"系列课程提供了大量的展示机会,通过成语听写大赛、诵读比赛、辩论赛等活动鼓励孩子登台展示。学生在各种各样的展示活动中,收获自信,成为一个敢于表达思想、能清晰表达思想的新时代人才。

前英国首相丘吉尔说:"你能面对多少人讲话,你的成就有多大!"口头表达的优劣对以后语言的发展,对学生时代的学习以及未来的工作都会产生举足轻重的影响。口头表达的作用是非常巨大的,它为儿童学习社会经验,形成道德品质提供了基础。我校的"好口才"系列课程能使孩子学习能力增强,对语言的运用能力和对他人语言的理解能力也能够明显提高,并且有利于孩子智力因素和非智力因素的全面提升,让孩子勇于表现自己,有效增强儿童自信心,促进身心全面发展。

(撰稿人　陈雪冰)

课程 3-1 有趣的象形字

一、课程背景

象形字是由图画文字演化而来的,是一种最原始的字体,也是一种最原始的造字方法。中国的象形文字是华夏民族智慧的结晶,是老祖宗们对原始事物描摹、记录方式的一种传承,也是最形象、演变至今保存最完好的一种汉字字体。掌握象形字对于我们了解字义、识记汉字、传承汉字文化有着相当大的作用。

小学一年级语文教材非常重视识字的教学,有专门识字单元,旨在通过各种识字方法丰富学生的字词积累。其中第一单元出现了相当多的象形字,特别是《日月水火》这一课,就采用了象形字识字的方法,让学生感受汉字的文化内涵,激发识字的兴趣,感受古人的造字智慧。为了更好地让学生了解中国汉字文化,激发学生学习兴趣,培养学生良好的学习习惯,学校面向一年级学生开设了"有趣的象形字"课程。

本课程的理念:了解汉字,激发兴趣。学生通过梳理所学的象形字,巩固复习生字,体会到象形字的神奇,了解汉字文化,激发学习汉字的兴趣,并能正确运用所积累的象形字,了解象形字的识字方法,为之后的汉字学习打下良好基础。同时,培养学生的认读能力、理解能力,提高表达能力、文化修养和审美品位,使学生在丰富词汇、增长知识的同时,热爱祖国传统文化,品味祖国文化瑰宝,认识人类文化的丰厚博大。

二、课程目标

1. 认识三十个象形字的形和义,知道它们的产生和变化过程。
2. 认识象形字的造字方法,初步了解汉字文化。

3. 培养认识汉字的兴趣,产生主动识字的愿望。

三、课程内容

本课程以主动学习为主,梳理一年级语文上册第一单元已学的象形字,了解象形字的产生背景和字形特点。通过观看象形字动画视频、画图、看图猜字、编故事、象形字谜语等方法巩固已学象形字,激发学习汉字的兴趣,拓展学习更多汉字。

（一）跟人相关的象形字

古人造字时通常依据事物的外形,其中根据人的外形所创的字,如人、口、耳、目、手、子、女、心、牙、身、眉、首、自等。

（二）跟植物有关的象形字

依据植物外形创造的字,如花、禾、竹、果、瓜、木等。

（三）跟动物有关的象形字

古人根据动物形态创造了许多象形字,活灵活现地再现了动物的形象,常见的如鸟、虫、马、羊、鱼、牛、兔、虎、燕、鹿、象、能(通"熊")、犬、龙、鼠、龟等。

（四）跟建筑有关的象形字

依据建筑物外形特点创造的字,如井、门、册、亭、高、户、京等。

（五）跟器物有关的象形字

古人极具智慧,很早以前就已造出多种器具,这部分的象形字就是依据这些器物的形态而造,如刀、床、网、玉、器、豆、巾、车、壶、鼎等。

（六）跟自然景观有关的象形字

古人观察万物变换,运用智慧造出了许多具体而形象地表现自然景象的字,如日、月、水、火、山、石、冬等。

（七）其他象形字

除了以上提到的各个大类,还有其他许多象形字也是我们如今常见、常用的,如文、小、田、也、了、片、大、飞、个、两、南、西、来、包、力、午、它、巴、串、师、才、己、又、用、几、工、厂、贝、入、互、万、土、丁、乙、匕、卜、川、夭、尸、行、单、羽、米、角、斗、已、交等。

四、课程实施

(一) 与象形字交朋友

学生在教师的引导下,深入学习一年级语文上册第一单元的象形字(人、口、耳、目、手、日、月、水、火、山、石、田、禾、云、雨、风、鸟、虫),将其分类,知道这些字的演变过程,了解象形字中的故事,和象形字交朋友。此外,学生还要了解查找资料的方法(教师可推荐相关书籍、网站),尝试在家长的帮助下找出书中的其他象形字。通过这种方式,进一步加深学生对象形字的认识,激发学生的学习兴趣。

(二) 象形字绘画展

一年级的教材中包含了许多的象形字,在学生自主学习的过程中,既能复习到相当一部分的课本生字,也能够锻炼动手能力,增加对象形字的认识,拓展知识面,从课外积累更多的汉字。同时,学生能从中感受到汉字的奇妙和探究学习的乐趣。在"与象形字交朋友"的活动中,学生已经对象形字有了基本认识,对课本中的象形字也更加熟悉。在此基础上,教师鼓励学生去了解更多的象形字。同时,学生选择自己感兴趣的一个象形字(可以是课外的),在家长的帮助下,查找资料,将这个象形字用图画表现出来,并注明这个字的演变过程。作品完成后,在全班开展象形字绘画展。教师将学生的画作贴于教室外墙进行展示,学生用贴纸进行投票,最终选出最受喜爱的三幅作品进行奖励。

(三) 象形字故事会

在班上开展"象形字故事会",先播放动画《三十六个字》给学生做例子,之后学生分小组合作,将多个象形字组合起来,编一个小故事。各组派代表上台讲故事,下面的同学对故事进行评分,选出最受欢迎的象形字故事进行奖励。评分标准为:一分(这个故事还不错);两分(这个故事真棒);三分(这个故事太棒了,我很喜欢)。在此过程中,学生整合学到的象形字知识,在欢快的氛围中加深对象形字的认识,并且锻炼自主学习和口语表达能力,进一步激发学习的兴趣。

（四）象形字猜猜猜

举行"象形字猜猜猜"比赛,检测学生对象形字的认识情况,增强学习趣味性。比赛共分为初赛和决赛,初赛全体学生参加,完成象形字小测试。根据测试情况,前二十名进入决赛,并抽签分为五组。决赛分为两轮(各轮评价见表3-1)：第一轮必答——看图猜字。学生根据幻灯片中的图猜出象形字,书写在答题纸上,每道题的答题时间为三十秒。答对一题得五分,答错不得分。十题之后,计算总分,直接进入下一轮；第二轮抢答——谜语猜字。学生根据幻灯片中的谜语猜出象形字,在主持人读完题说"抢答开始"后进行举手抢答。主持人核对正误,答对一题得五分,答错不得分；抢答后回答错误,场上观众可进行抢答,对错都不加分。十题之后,计算总分。按最终得分高低,评出一、二、三名,其他选手均为优秀奖。

五、课程评价

评价要关注个体的处境和需要,尊重和体现个体的差异,促进每个个体最大可能实现其自身价值。本课程通过评价表的形式来展现评价的意义,注重学生在学习过程中的积极参与,在学习过程中的团结协作。在评价理念上,注重以学生为主体,强调过程性评价,坚持激励性评价,关注个性特色评价。在评价方式上,要求做到形成性评价与终结性评价相结合,具体做法如下。

（一）测试性评价

通过测试卷的方式,了解学生在课程学习中对象形字的认识和掌握程度,激发学生对象形字学习的兴趣,加深对象形字的印象。同时,也通过测试筛选出优秀的学习者,参加"象形字猜猜猜"决赛,对优秀学习者给予表扬。

（二）竞赛性评价

以选拔性为主,通过竞赛的方式,再次巩固象形字学习的成果,激发学生学习的进取心,提高学习的灵活性和反应能力,按照得分的高低评

出学习优胜者。具体评价如下(见表3-1):

表3-1 "象形字猜猜猜"比赛分值

项目	评价指标	分值	备注
第一轮必答（小组赛）	看图猜象形字	10题,每题5分,共50分	各组直接进入抢答
第二轮抢答（个人赛）	读谜语猜象形字	10题,每题5分,共50分	根据两最终得分的高低,分别获得一、二、三名

(三)评选性评价

通过个人、小组、家长、老师打分的形式来进行评价,结合自评和他评的方式,使孩子获得更强烈的认同感。结合本课内容,评价表中以生肖牛、虎、龙的象形字代表分值,评价时在相应象形字的下方打"√",五十分以上可获得"象形字之星"称号。具体评价方式如下(见表3-2):

表3-2 "象形字之星"评价表

评价人:＿＿＿＿＿＿　　　　　　　　　　　　　　　　日期:＿＿＿＿＿＿

评价指标＼分值＼内容	自己评 1分 2分 3分	小组评 1分 2分 3分	家长评 1分 2分 3分	老师评 1分 2分 3分
我能准确认读所学的象形字				
我能知道所学象形字对应的规范汉字				
我知道象形字的来源及意思（30—49个象形字得1分;50—79个象形字得2分;80及以上得3分）				
我能积极主动地参与小组活动,完成小组分工				
我能尊重他人,虚心向他人学习				

(撰稿人　曾婉玲　宋丽斌)

课程 3-2

走进成语乐园

一、课程背景

成语是人们长期以来习惯用的简洁精辟的词组或短句,是中华民族语言宝库中的一颗璀璨明珠。成语在表情达意、传递高质量语言信息方面起着以一当十的作用。一个人所掌握和使用成语的多少,从某种程度上反映他语言文化素养的优劣。

小学语文教材非常重视成语的教学,有专门"成语故事"的板块,旨在丰富学生的成语积累。成语教学是语文教学中不可或缺的重要组成部分。目前,学生掌握成语的意识不够,掌握成语的数量不足,对成语的使用不当,对成语的语意不了解,而且随着现代科学技术的发展,特别是电子产品的广泛运用,学生的书写能力明显减弱,这就要求我们在积累成语的基础上,也要让学生学会正确书写成语。因此,我们在中年段开设"走进成语乐园"课程非常必要,也非常重要。本课程适合对象为四年级学生。

本课程的理念:学成语,习文化。我们希望学生通过搜集所学的成语,分类积累课内外成语,朗读、背诵有益的成语故事,丰富学生的成语储备量。同时,使学生能灵活运用所积累到的一些成语,恰当地在学习生活中运用成语及其典故,打下正确运用成语的良好基础,提高表达能力、文化修养和审美品位。此外,培养学生的朗读能力、理解能力,使学生在丰富词汇,增长知识的同时,懂得为人处事的道理,提高自身品德修养,开发人生智慧,陶冶情操,让学生热爱祖国传统文化,品味祖国文化瑰宝,认识人类文化的丰厚博大。

二、课程目标

1. 识记三百个成语，对喜欢的成语能主动探究出处，了解成语背后的故事与文化。

2. 能规范书写三百个成语，懂得成语的意涵，尝试在学习和生活中运用成语。

三、课程内容

本课程以"主动地学习、积累、运用成语，体会成语的魅力"为主题，内容分为八个模块。

（一）数字与成语

在汉语成语中，有近百分之十的成语是数字成语，这些成语表现生动，结构清楚。这些数字成语在汉语中呈现出种种特殊含义，并在中华文化中占有特殊地位，展现出中华民族特有的思维方式和文化特质，一直贯穿在从古至今的社会文化生活之中，将这些内容带进我们日常使用的语言中，是十分自然的事。这一模块的主要内容是：第一，一至十的数字成语，如六神无主、七嘴八舌、五湖四海等；第二，百、千、万等概数的数字成语，如万紫千红、千军万马、千辛万苦等。

（二）动物与成语

在成语中有这样一类特殊的群体，这就是带有动物形象的成语。在这类成语中，动物往往具有一定的寓意和感情色彩，他们的形象丰富多变，有些和我们传统的认知是符合的，有些却产生了偏差。我们在分析这些动物形象的同时，也要分析一下有些动物形象与传统认知产生偏差的原因。这一模块的主要内容是：第一，生肖类的动物成语，如画龙点睛、闻鸡起舞、生龙活虎等；第二，其他动物类的成语，如狼狈为奸、莺歌燕舞、如鱼得水等。

（三）品格与成语

有一些成语与人物的品质有关,主要包括:第一,与意志品质相关的成语,如坚韧不拔、孜孜不倦、持之以恒等;第二,与学习品质有关的成语,如专心致志、一丝不苟、博览群书等。

（四）风光与成语

大自然是上苍赐予人类的瑰宝。连绵起伏的山川,蔚蓝壮阔的大海……组成了这样一幅幅唯美的风景画。而那些描写自然风光的成语,朗朗上口间,景色好像便要跃至眼前。这类成语有山清水秀、鸟语花香、景色宜人等。

（五）外貌与成语

有不少成语是形容人的外貌的,这些成语对人物的体貌特征(包括人物的容貌、衣着、神情、体型、姿态)进行描写,以揭示人物的思想性格,表达作者的爱憎,加深读者对人物的印象。这一模块的主要内容是:第一,肖像类成语,如眉清目秀、面黄肌瘦、大腹便便等;第二,神态类成语,如神采奕奕、垂头丧气、无精打采等。

（六）反义词与成语

包含反义词的成语可以揭示事物的矛盾,形成鲜明的对照和映衬,从而把事物的特点深刻地表示出来。多组反义词连用,可以起到加强语气、强调核心意思的作用。有反义词的成语可以增加对比,有时也可以起到警示的作用。这类成语有轻重倒置、舍本逐末、大惊小怪等。

（七）寓言与成语

我国古代寓言很丰富,不少成语就是由寓言故事缩写或概括而成的。古书里边也有些含义深刻的寓言,也是成语的来源,这类成语往往有教训或讽喻的意味,如揠苗助长、守株待兔、刻舟求剑、画蛇添足等。神话故事是成语的又一来源,神话故事里祖先们伟大的利人利己精神,实在是值得作为后代子孙的我们很好地去学习,去发扬。这类成语,如夸父逐日、女娲补天、精卫填海等。

（八）典故与成语

在历史的长河中,有许多具有深刻含义的中国成语典故。一个典故,就能描述一段历史;一个典故,就能婉转地讲述一种人生;一个典故,就能话语精妙。学生对成语典故蕴含的哲理、故事充满好奇和探究的欲望。巧妙地运用成语典故,能让学生感受到人类历史文化中的精神力量。这一模块的主要内容,如卧薪尝胆(勾践)、三顾茅庐(刘备)、闻鸡起舞(祖逖)等。

四、课程实施

本课程通过成语碰碰车、成语故事会、成语听写大赛等方式开展,共安排十二课时。课前学生要搜集整理所学的成语,教师要制定听写大赛的方案。具体实施方法如下:

（一）成语碰碰车

先让学生将平时积累的成语整理出来,教师进行筛选,确定本次要掌握的三百个成语。然后,指导学生把搜集到的成语分成八类。在这个过程中,学生收获的不只是成语知识本身,重要的是让学生学会对成语进行分类,学到梳理成语的有效方法。在积累的基础上,理出条理,理出规律,把感性的积累上升到理性的认识高度。不论是积累还是梳理,都由学生动手去做,教师可适当、适时地加以引导,最后整理出成语列表。每天利用课前三分钟时间诵读成语列表,这样学生才会记得扎实。

（二）成语故事会

以学生为主体,通过自主阅读成语故事,深入理解成语的意思,强化记忆。以班级为单位,举办成语故事交流会,选择具有历史典故的成语,以演讲的方式将该成语所含典故、发生年代、内容及成语背后所折射的人生道理等进行正确、完整的讲述,利用午读时间进行分享交流,增加学生对成语的知识积累,丰富学生的知识视野。

（三）成语听写大赛

举行成语听写大赛,检测学生这段时间的知识储备,了解学生学习、运用成语的情况,在提升语文素养的同时,努力实现成语学习的有效性。该比赛分为初赛和决赛。初赛由各班语文老师负责,老师读出三十个成语,学生听写,以正确数量多者为胜。每班选出六个孩子,代表班级进入年级决赛。决赛主要分成两个环节:第一是每班轮流选派一位选手上场,根据发音及词条解释进行书写。书写正确留在赛场,书写错误则离开,换另一名选手来听写。直至三十个成语听写完毕后,哪个班留下学生最多为获胜班级;第二是看图猜写成语。教师出示图画,各班级学生在二十秒内同时书写,书写正确留在赛场,书写错误则离开。图画全部出示完毕后,哪个班留下学生最多为获胜班级。

五、课程评价

评价尊重和关注个体的差异,注重学生在学习过程中是否积极参与,在学习的过程中能否与他人成功合作。在评价思想上,注重评价以学生为主体,注重过程性评价,坚持激励性评价。

(一)选拔性评价

经过一段时间的学习与积累,举行成语听写的活动,由老师读出三十个成语,学生写,检测学生这段时间的知识储备。各班按成绩由高至低选拔出前六名,代表班级参加年级听写展示活动。

(二)赛事性评价

通过竞赛的方式,检测学生的学习成果。包括两个环节,一是听解释写成语,二是看图猜成语。具体分值如下(见表3-3):

表3-3 成语大赛评价分值分配表

项目	评价指标	分值	备注
第一轮必答	听解释写成语	共30题,每题5分	比赛时每队出1名选手上场,答对一题(凡有错别字皆为错误不得分)积5分。当该选手作答错误或无法作答时,则换下一选手,直至本队4名选手淘汰,则该队结束本环节比赛,其他小组继续。
第二轮抢答	看图猜成语	11题,每题5分	每位选手见图写成语到白板,按举板时刻计算,率先举板并全对者得分,如出错则由第二名举板者得分,以此类推。

（三）评选性评价

本课程在评价方式上，要求做到形成性评价与终结性评价相结合，最后评出"成语小博士"。教师根据学生在课程学习过程中的表现进行反馈与总结，从以下三个方面评选出"成语小博士"：一是学习过程中的表达交流，包括收集与整理资料、自信展现自己等；二是课程活动中的参与效果，包括按照学习任务单中的要求进行积累、练习及团队活动中的合作分享等；三是在团队活动中是否积极参与，在讨论中能否虚心向他人学习，并且能否主动帮助他人。

通过集赞的形式来进行自我评价、小组评价和老师评价。获得1个赞为一般，2个赞为表现较好，3个赞为优秀。具体评价如下（见表3-4）：

表3-4 "成语小博士"评价表

评价人：_____　　　　　　　　　　　　　　　　　　日期：_____

具体项目	自评	小组评	老师评
我能正确书写所学的成语	👍👍👍	👍👍👍	👍👍👍
我能理解和运用课本中出现的成语的意思	👍👍👍	👍👍👍	👍👍👍
我知道成语的来源、出处	👍👍👍	👍👍👍	👍👍👍
我爱读成语故事书	👍👍👍	👍👍👍	👍👍👍
成语积累达人	👍👍👍	👍👍👍	👍👍👍
成语故事秀	👍👍👍	👍👍👍	👍👍👍
成语小博士	👍👍👍	👍👍👍	👍👍👍

（撰稿人　陈雪冰）

课程 3-3 畅游诗词天地

一、课程背景

生活中处处有诗歌，天真的诗歌、朴素的民歌常在我们耳边回响。我国是一个诗歌的国度，最早的诗歌总集《诗经》已有两千多年的历史，并且从古到今涌现出了屈原、李白、杜甫、白居易、苏轼等许多伟大的诗人。中华民族数千年的灿烂文化，需要代代相传，继承发展。唐诗和宋词是祖国文化的瑰宝，是时代精神的凝聚与升华，拥有强大的艺术生命力。一个人所掌握诗词的多少，从某种程度上反映他语言文化素养的优劣。

小学语文教材非常重视诗词的教学，每册最少有两课是古诗词，园地还有古诗中的名句，旨在丰富学生的诗词积累。也可以说，古诗词教学是语文教学中不可或缺的重要组成部分。目前，学生掌握诗词的意识不够，掌握诗词的数量不足，对诗词的意思不太了解，背诗词怕吃苦，因此开设"畅游诗词天地"课程非常必要，也非常重要。本课程设在六年级，意在帮助学生对小学阶段的古诗词学习进行总结和梳理。

本课程的理念：学诗词、学做人。我们希望且相信学生通过搜集所学的诗词，分类积累课内外诗词，朗读、背诵诗词，能丰富诗词储备量，打下良好基础，提高表达能力、文化修养和审美品位，做到在生活中能灵活运用所积累到的一些诗词，恰当地在学习生活中运用诗词。同时，培养学生的朗读能力、理解能力，让学生在增长知识的同时，懂得为人处事的道理，提高自身品德修养，开发人生智慧，陶冶情操，热爱祖国传统文化，品味祖国文化瑰宝，认识祖国文化的精深博大。

二、课程目标

1. 背诵一百五十首诗词，了解到诗歌是中华文化的一部分，对喜欢的诗人能主动探究。

2. 能默写八十首诗词，并能学以致用。

三、课程内容

本课程以体会诗词的魅力为主，培养学生主动学习、积累、运用优秀诗词作品的意识，内容分为八个模块。

（一）描写春夏秋冬的诗词

翻开唐诗宋词，扑面而来的是四季之美，有和煦的春风、美妙的夏夜、凉爽的秋雨、调皮的雪花。诗人都比较敏感，或借景抒情，或直抒胸臆，除了表达内心的真切感受，还能深深感染读者。这部分主要内容有：第一，纯粹的写景之作，如杜甫的《绝句》、柳宗元的《江雪》等；第二，描写人们在四季中活动的作品，如范成大的《四时田园杂兴》、孟浩然的《过故人庄》等。

（二）描写春花秋月的诗词

在诗人的笔下，无论是娇羞的野花，还是傲雪凌霜的梅花；无论是一枝独秀，还是千朵万朵压枝低，都是那样美不胜收。"举头望明月，低头思故乡""明月几时有，把酒问青天"中国的诗人似乎特别钟爱月亮。在浩瀚如银的历代诗词中，月亮高悬中天，被众多诗人反复地吟咏，成为一个有趣的文学现象。想象卓绝的诗人们，为月亮取了许多雅号，如白兔、玉盘、婵娟等。大千世界，月亮具有独特的魅力，受到诗人们青睐。这部分主要内容有：第一，写春花的诗词，如王安石的《梅花》、苏轼的《海棠》等；第二，写秋月的，如刘方平的《夜月》、苏轼的《水调歌头》等。

（三）描写思乡的诗词

对家乡的思念是诗词中一个重要的内容。对故土的眷恋是人类共同而永恒的情感,远离故乡的游子都会思念自己的故土。中国人有很强的乡土意识和家国情怀,受传统的影响,中国人的乡愁更强烈一些,更容易在乡愁中感受自己的过去。这部分主要内容有:第一,对家乡亲人的牵挂,如李益的《夜上受降城闻笛》、张九龄的《望月怀远》等;第二,对家乡的思念,如王安石的《泊船瓜洲》、张籍的《秋思》等。

(四)描写送别的诗词

送别诗用以表达对离人眷恋不舍、依依惜别之情以及朋友间的真挚情意。以劝慰勉励友人为主,借送别言志,抒发情感。在离别之意中渗透着作者的身世际遇和人生感慨。这部分主要内容有:第一,表达对离人眷恋不舍的情感,如王维的《送元二使安西》、李白的《送友人》、高适的《别董大》及李白的《赠汪伦》等;第二,借送别言志,如王昌龄的《芙蓉楼送辛渐》、李白的《宣州谢朓楼饯别校书叔云》等。

(五)描写边塞风光的诗词

边塞诗指以边塞风光、边疆地理、民族风情等为内容,展现边地生活的艰辛、战争的残酷,表现将士建功立业的壮志和思念家乡的情感的诗歌。诗歌通过描写边塞紧张的局势、戍边将士艰辛的生活状态、战争的惨烈场景等,表现戍边将士强烈的爱国情感,以及对家乡亲人的思念。这部分主要内容有:第一,展现边塞生活的艰辛,如王昌龄的《出塞》、王翰的《从军行》等;第二,表现对边关将士的同情,如卢纶的《塞下曲》、李益的《从军北征》等。

(六)描写田园风光的诗词

这类诗以唐代王维、孟浩然为代表,主要描写自然风光、农村景物以及安逸恬淡的隐居生活。诗境优美,风格淡雅,语言清丽洗练,多用白描手法。山水田园诗到了宋代以后,虽在语言抒情、状物、写景、叙事方面,行文不拘一格,使人耳目一新,但山水诗的境界低一些。这部分主要内容有:第一,描写自然风光,如王维的《鸟鸣涧》、《白石滩》等;第二,描写隐居生活,如王维的《山居秋暝》、孟浩然的《岁暮归南山》等。

(七)外国诗词

外国诗词更多的是诗人情感的直接流露,少了一些约束,多了一些自由。西方诗歌追求的是象征意义,对于外国诗歌,主要了解泰戈尔、普希金和彼得斐等几个著名诗人的作品,主要内容为《白桦》和《飞鸟集》中的著名读句。

(八)描写儿童生活的现代诗

儿童现代诗具有情感高洁、想象丰富、童趣盎然、语言精美等特点。这就使得儿童诗和一般的阅读材料有很大的不同。首先,儿童诗的重点往往不是叙事,而是抒情。其次,儿童诗的语言精美、凝练,较多地使用各种修辞手法。最后,儿童诗里有着丰富的想象,使得诗歌具有很大的想象空间。这部分主要内容包括:反映儿童生活的《街上的水墨画》和其他名家之作,如冰心的《寄小读者》和叶圣陶的儿童诗等。

四、课程实施

本课程通过"诗词大集结"、"我来秀诗词"、"诗词擂台赛"等形式开展,共安排十六课时。课前学生要搜集整理有关诗词,教师要制定诗词比赛的方案。具体实施方法如下。

(一)诗词大集结

先布置学生搜集诗词,教师进行筛选,确定本次要掌握的一百五十首诗词,然后指导学生把搜集到的诗歌分成八类。在这个过程中,学生收获的不只是诗歌本身,更重要的是学会对诗歌进行分类,学到梳理诗歌的一种有效方法。学生可在积累的基础上理出条理,理出规律,把感性的积累上升到理性的认识高度。不论是积累还是梳理,都由学生动手去做,教师可适当、适时地加以引导。这样,学生才会记得扎实。然后,鼓励学生用朗读法、意义法背诵诗歌,感受诗歌的美。

(二)我来秀诗词

以学生为主体,通过前期的自主背诵诗词,深入理解诗词的意思,强化记忆后,给学生搭建一个展示与交流的平台。以班为单位,每次交流按预定的主题进行,做到有的放矢,让目标达成度更高。利用午读时间和阅读交流课时间举办诗词交流会,以个人自荐演讲或转盘定人的方式确定人选。这样做既增加了学生对诗词的知识积累,丰富学生的知识视野,又激发了学生的兴趣。

（三）诗词擂台赛

举行诗词大赛,检测学生这段时间的知识储备,了解学生学习、积累与运用诗歌的情况。比赛分为初赛和决赛。初赛由各班语文老师负责,可以是卷面的测试,也可以是以小组争霸赛的形式进行。小组争霸赛需先出好四组题目。学生随机分为四个大组,进行争霸赛,优胜者代表班级参加决赛。每班选出四个学生,代表班级进入年级决赛。决赛主要分成两轮,每一轮每班轮流选派一位选手上场,正确加分错误不得分;第二轮风险提速题,抢到答错倒扣分。

五、课程评价

评价关注个体的表现,尊重个体差异,注重学生在学习过程中的积极参与,在学习的过程中体会合作的快乐。在评价思想上,注重评价以学生为主体;注重过程性评价;坚持激励性评价;关注个性特色评价。

（一）评选性评价

本课程在评价方式上,要求做到形成性评价与终结性评价相结合,教师根据学生在课程学习过程中的表现进行反馈与总结,从以下三个方面评选出"诗词小达人"：一是学习过程中的表达交流,包括收集与整理资料、自信展现自己等;二是课程活动中的参与效果,包括按照学习任务单中的要求进行积累、练习等及团队活动中的合作分享;三是其在团队活动中是否积极参与,在讨论中能否虚心向他人学习,能否主动地帮助他人。

（二）竞争性评价

活动前制定并公布诗词擂台赛规则,准备好相关竞赛资料,进行诗词擂台赛,比赛的获胜方为优胜者,予以奖励。

（三）评语式评价

诗词是语文素养的重要组成部分,在期末写学生学期评语时,适当关注学生在学习诗词活动中的表现,进行鼓励性评价,以激发学生学习诗词的兴趣。

（四）点赞式评价

通过点赞的方式,对学生的学习态度、参与意识、掌握的诗词素养进行评价,分为自评、小组评和老师评,对背诵、理解、探究等方面进行评价,通过学习效果来获取评价信息。点赞的梯度为：获得一个赞为一般,两个赞为表现较好,三个赞为优秀。具体评价方式如下(见表 3-5)：

表 3-5 "诗词小达人"评价表

评价人：_____　　　　　　　　　　　　　　　　　　　　日期：_____

具体项目	自评	小组评	老师评
我能背诵 80 首诗词	👍👍👍	👍👍👍	👍👍👍
我能理解和运用课本中出现的诗词的意思	👍👍👍	👍👍👍	👍👍👍
我能理解和运用课外积累的诗词	👍👍👍	👍👍👍	👍👍👍
我爱探究诗人	👍👍👍	👍👍👍	👍👍👍
我是爱诗少年	👍👍👍	👍👍👍	👍👍👍
诗词擂台	👍👍👍	👍👍👍	👍👍👍
诗词小达人	👍👍👍	👍👍👍	👍👍👍

（撰稿人　罗凤英）

课程 3-4

我是小辩手

一、课程背景

辩论,指彼此用一定的理由来说明自己对事物或问题的见解,揭露对方的矛盾,以便最后得到共同的认识。辩论会是围绕辩论的问题而展开的一种知识的竞赛、思维能力的竞赛、语言表达能力的竞赛,也是综合能力的竞赛。小学语文学习重在培养学生听说读写的能力,其核心是学生的思维能力。辩论会活动对提升学生的综合能力大有益处。通过辩论的形式,可以有效地培养学生的思维能力和语言表达能力。通过低中年段口语交际课程的系列训练,学生已经有了良好的倾听习惯,能认真倾听别人讲话,边听边想,了解讲话的主要内容,参加讨论时能说清自己的意思。辩论赛课程正是通过设置辩论主题,让学生参与到听说过程中,围绕主题当众做两三分钟的发言,清楚明白地表达观点,以此激发学生的热情。对于高年级的学生而言,活跃的思维使他们开始关注周围的人和事,他们会仔细研究和分析自己提出的假设,具有一定的批判精神。辩论会活动很受这个年龄段学生的欢迎,所以本课程面向五年级学生开设。

本课程的理念是:大胆表达我的主张。学生通过学习辩论及辩论赛的基本理论,掌握简单的辩论技巧,经历较为规范的辩论过程,感受辩论的乐趣。通过课程的学习,开拓思维,锻炼口头表达能力、查找资料的能力、统筹分析的能力,学会从多方面去考虑问题。同时,加强团结合作能力,增进团体之间的默契。

二、课程目标

1. 初步了解辩论及辩论赛的基本理论,掌握简单的辩论技巧。经历较为规范的辩论过程,感受辩论的乐趣。

2. 学会围绕主题搜集信息、处理信息,提高倾听和表达的能力,培养合作精神。

三、课程内容

本课程以"感受辩论的魅力、掌握辩论方法、学习围绕主题收集信息"为主题,内容分为辩论的技巧、辩论赛规则、辩论赛流程三个模块。

(一)辩论的技巧

1. 使用好逻辑词汇、程度词汇,避免使用模糊词汇。

2. 做好资料积累,学习引经据典。

3. 练习朗读和绕口令,锤炼普通话,吐字要清晰。

4. 训练语调,突出表述重点。

(二)辩论赛规则

1. 陈词:提倡即兴陈词,引经据典恰当。

2. 攻辩:

(1)攻辩双方必须正面回答对方问题,提问和回答都要简洁明确。

(2)正反方选手站立完成攻辩阶段,攻辩双方任意一方落座视为完成本方攻辩,对方选手在限时内任意发挥(陈词或继续发问)。

3. 自由辩论:这一阶段,正反方辩手自动轮流发言。发言辩手落座为发言结束即为另一方发言开始的计时标志,另一方辩手必须紧接着发言。若有间隙,累积时照常进行。同一方辩手的发言次序不限。如果一方时间已经用完,另一方可以继续发言,也可向主席示意放弃发言。此阶段共用时十分钟。

4. 正反双方应针对辩论会整体态势进行总结陈词。脱离实际,背诵事先准备的稿件,适当扣分。此阶段用时三分钟。

5. 观众提问:正反方各回答两个观众提出的问题,一个问题的回答时间为一分钟,如一位辩手的回答用时未满,其他辩手可以补充。

(三)辩论赛流程

先在班级开展模拟赛,之后在年级进行比赛。比赛包括陈词、攻辩、自由辩论、观众提问和总结陈词等阶段。比赛第一阶段是陈词阶段，正反方一辩各自陈词两分钟。然后立证陈词，进一步阐述本方观点，正反方二辩陈词两分钟。第二阶段是攻辩阶段。正方三辩提问，反方任何选手(只限一名)选手回答。反方三辩提问，正方任何选手(只限一名)选手回答。这阶段至少提两个问题，用时累计三分钟。第三阶段是自由辩论阶段。由正方首先发言，然后反方发言。正反方轮流发言，共用时十分钟。第四阶段是总结陈词阶段。反方四辩总结陈词，用时三分钟。正方四辩总结陈词，用时三分钟。第五阶段是互动环节。观众可向正反方各提问题，由双方选派选手作答。该环节在正式比赛结束后进行，增加比赛观赏性，不影响比赛结果。在辩论结束后，由语文备课组长发表对该场辩论的评语，分析两队的表现及优缺点，提出双方需要改进的地方。

四、课程实施

本课程共计十二课时。老师收集辩论的文字、辩论赛的视频资料等，拟定辩论主题，制定辩论大赛的方案，组织学生进行辩论赛。

（一）走近辩论

这一部分内容以视频和故事形式展现。视频内容主要为历史上的名人辩论小故事，如《诸葛亮舌战群儒》、《晏子使楚》、《两小儿辩日》、《杨氏之子》、《周恩来的幽默外交故事》、《萧伯纳的妙语趣事》等，让学生领略语言的魅力。

（二）时事小论坛

提前布置学生关注当下的时事、热门话题、具有争议性的事例，收集相关的话题言论、视频、文字资料，写成具有论点论据形式的议论性短评，提升学生的逻辑思维能力。以一个实际的例子作为引导，例如虐童事件，让学生思考：这个事件为什么会发生？为什么这个事件发生后会引起社会热议？这个事件应该需要谁来负责任？并说出自己的理由。教师做好引导，开拓和完善学生的思维广度和深度，例如，对于谁要负责任的问题，学生大部分可能从幼儿园的方面作答，教师可以引导他们从政府的监管方面进行思考和完善。

（三）辩论技巧培训

1. 分享精彩的议论文，学习积累，引经据典。推荐学生看一些经典的议论文，如《为人民服务》、《生命　生命》，做好读书笔记，摘抄并概括其中他们觉得精彩有收获的段落，学习如何引经据典。同时，学会使用逻辑词汇、程度词汇以及数量词，提升文化素养，丰厚文化积累，例如学会使用"之所以……是因为、主要决定于、在很大程度上"等，避免用"大约、可能"等程度模糊的词汇。

2. 朗读绕口令。学生上课时进行朗诵，课后多加练习，锤炼普通话。同时，在课堂上学生要朗诵自己写的时事短评，要求吐字清晰。

3. 观摩一些具有感染力的演讲，通过不同的语调突出每一句话的重点，做到主次分明。

（四）模拟辩论

学生观看辩论赛的视频，熟悉辩论赛的主要流程。在老师公布辩论主题后，学生组队，确定辩论方，根据论题收集信息，做好分工，推荐一辩、二辩、三辩、四辩，正反双方进行实战模拟。老师对各个小组的优缺点进行点评，在实践中提升辩论水平。

（五）实战辩论赛

根据模拟辩论赛的情况，每班推荐两名选手参加年级辩论会。学生确定好正反方，分别进行准备，之后在年级进行辩论赛。其他学生为观众，观看比赛并可在观众提问环节进行提问。评委根据学生表现进行评分和点评。

五、课程评价

评价关注个体的处境和需要，尊重和关注个体的差异，注重学生在学习过程中是否积极参与，在学习的过程中能否与他人成功合作。在评价思想上，注重评价以学生为主体；注重过程性评价；坚持激励性评价；关注个性特色评价。

（一）评选性评价

师生根据学生在课程学习过程中的表现进行反馈与总结，从以下三个方面评选出"小辩手"(见表3-6):一是学习过程中的表达交流,包括收集与整理资料、自信展现自己等;二是课程活动中的参与效果,包括按照老师要求进行积累和分享等及团队活动中的合作分享;三是在团队活动中是否积极参与,在讨论中能否虚心向他人学习,并能否主动地帮助他人。

表3-6 "小辩手"成长记录

评价人:_____　　　　　　　　　　　　　　　　日期:_____

具体项目	小组评			老师评		
	语言	内容	表情	语言	内容	表情
时事小论坛						
读书分享真快乐						
演讲比赛						
小组辩论会						

一般☆　良好☆☆　优秀☆☆☆

(二)赛事性评价

各班在班级初赛的基础上,选拔出两名选手,参加年级辩论赛。通过这项活动培养学生搜集信息、处理信息的能力,培养学生合作精神以及倾听和表达的能力。具体评价如下(见表3-7):

表3-7 "小辩手"评价表

	辩手	语言表达(20分)	机智幽默(10分)	美感风度(10分)	综合印象(10分)	辩驳能力(10分)	总分
正方	一辩						
	二辩						
	三辩						
	四辩						
	辩手	语言表达(20分)	机智幽默(10分)	美感风度(10分)	综合印象(10分)	辩驳能力(10分)	总分
反方	一辩						
	二辩						
	三辩						
	四辩						

(撰稿人　聂慧群)

课程 3-5 词汇小达人

一、课程背景

词汇教学是英语教学的重要组成部分,更是英语教学成败的关键。词汇的掌握和运用是增强语言知识和培养语言技能的基础,词汇教学效果关系到外语教学目标的实现。在英语教学中,要让学生认识学习词汇的重要意义,引导学生更有效的学习和记忆英语词汇,培养学生良好的词汇学习能力是教师的一个重要课题。近年来,人们越来越意识到词汇在外语教学中的重要性。一些语言教学课程已开始把词汇作为课程的组织原则,因而词汇教学又重新获得了它在外语教学过程中应有的地位。从某种意义上说,谁熟练掌握并能灵活运用的词汇多,谁在英语学习上的进步就比别人快,水平也比别人高。因而,一定的词汇量,无论是对听力的理解,还是阅读速度的提高、阅读理解能力的增强、翻译的精确和表达的准确,都是必不可少的保证。因此,我们在五年级开设"我爱记单词"课程,提升五年级学生英语词汇的识记度。

本课程的理念:巧记单词,积少成多。词汇是构筑语言的基本材料,掌握一定量的词汇是获取语言知识,提高语言交际能力的必备条件,是语言信息传递的载体。我们希望,在整个小学阶段,学生通过掌握行之有效的记忆单词的技能技巧,不断地积累并扩大词汇量,把英语落到实际生活中,学英语、用英语、爱英语,领略中西文化的差异,增添英语学习的乐趣,形成浓郁的英语学习氛围,为今后的学习和交际打下良好的基础。

二、课程目标

1. 识记五年级上下册所有英语单词,初步理解单词的意义。
2. 掌握三种识记单词的方法,巧记单词,积少成多。
3. 养成识记单词的良好习惯,提高英语学习技能。

三、课程内容

本课程由"我爱生活、我能做事、我饮食我健康、我爱大自然、安全防范我最棒、我走向世界"六个模块组成,具体内容如下:

模块一:我爱生活

基于小学生的年龄特点,兴趣爱好可以开阔小学生的眼界,使他们胸襟豁达,朝气蓬勃,个性得到充分发展,精神境界高尚。当一个小学生有广泛的兴趣爱好的时候,就会觉得生活丰富多彩,心情愉快,从而促进他的健康成长;当一个小学生有持续、稳定的兴趣爱好,并最终发展为自己的特长的时候,就会获得成功的快感,唤醒心中的自信与自尊,不断从成功走向成功,获得生命的快乐,对生活充满阳光与自信。这一模式包含 hobby、life、market 等单词。

模块二:我能做事

从儿童发展角度来说,孩子自己动手做事情是他人生道路上最重要的一件事。孩子在亲自动手的过程中,做他们喜欢做的事,学会选择,学会珍惜,把课本知识与生活实际相结合,把英语用于解决生活实际问题,提高自身的能力。这一模块包含 ability、make、collect 等单词。

模块三:我饮食我健康

人们通过饮食获得所需要的各种营养素和能量,维持自身健康。养成良好的生活习惯,可以培养一个人的性格,提高个人素质,塑造独有的气质和魅力。养成良好的生活习惯,身体的新陈代谢也会有好的习惯,从而身体健康,当然生活、学习、工作都会有条有理。对孩子自身及其家人都有很大的好处,小学生养成良好的饮食习惯尤为重要。这一模块包含 drink、coffee、milk 等单词。

模块四:我爱大自然

通过学习书本上的单词,孩子们懂得了春暖花开、夏日炎炎、秋高气爽、寒冬腊月,明白了国内甚至国外的四季变化,知道在什么样的天气里做什么样的事情,遵循自然规律,放飞身心,陶冶情操。这一模块包含 season、weather、temperature 等单词。

模块五:安全防范我最棒

安全防范意识是人类生存发展过程中永恒的主题。随着社会的进步和经济的发展,安全问题正愈来愈多地受到整个社会的关注与重视。小学生年龄小,安全防范意识相对薄弱,通过课本的学习,不断地提高该方面的认识,保护自我,提升自我。这一模块包含 direction、way、short、cut 等单词。

模块六:我走向世界

五年级的孩子经过几年的英语学习,扩大了知识面,对中西方文化如外国的国家名称、风俗习惯、人文素养等有了一定的了解,开阔了孩子们的视野,增长了见识,孩子们喜闻乐道。这一模块包含 London、America、Hongkong 等单词。

四、课程实施

本课程实施前,教师搜集整理五年级上下册所学的单词,制定单词比赛的方案和规则。课程共十六课时,具体实施方法如下:

(一)围坐学习

教师组织学生围绕五年级书本上下册,把单词初步分成六个模块,学生以六个小组为单位,完成两个任务:1.每个小组各探讨并归类总结本小组负责的单词,将单词统一写在一张 A4 纸上;2.围绕这些单词想出如何巧记单词的办法,比如:趣味背诵法,语感培养法,语境记忆法,词根、词缀记忆法等,做到词不离句,句不离篇,讲究记忆的方法与技巧。

（二）整合学习

通过围坐学习，学生已经把各自负责的模块的单词整理归纳清楚，并能运用他们耳熟能详或者是生动有趣的办法巧记单词。整合学习就是将孩子们各自负责的模块单词汇总到一块，共同分享识记心得或体会，理清思路，最大限度地巧记更多的单词。

（三）赛事学习

举行"词汇小达人"比赛活动。该活动分为初赛和决赛两部分，主要检测学生对五年级上下册所有单词的掌握程度，从180个单词中抽取一百个单词，检测学生这段时间的知识储备，了解学生学习运用单词的情况，在增加词汇量的同时，努力实现巧记单词。初赛以班级为单位，每个学生完成一份10分钟的卷子（共100个单词），看谁写得最多最正确，根据正确率的多少评出ABCD四个等级，其中写对80个单词以上的同学为A等级，写对70—79个单词的为B等级，写对60—69个单词的为C等级，写对60个单词以下的为D等级。并选拔出A等级的优秀学生参加下一轮的决赛。决赛以年级为单位，被选拔出来的学生参加，每个学生完成一份十分钟的卷子（共100个单词），看谁写得最多最正确，并根据分数的高低顺序评出一等奖十名，二等奖十五名，三等奖二十五名，学校颁发奖状以表彰。

五、课程评价

坚持以评促学，评价注重以学生为主体，坚持过程性评价及激励性评价。该评价旨在检测五年级学生对本年度所学单词的掌握程度，了解学生在课程学习中是否能用学到的方法来巧记、多记单词。

1. 测试性评价

通过这个评价，了解学生对本课程学习的掌握程度，知道自己的不足之处，改变学习方法，提高学习技能，以便能更好地积累单词，更好地学习英语。具体评价标准如下（见表3-8）：

表 3-8 "词汇小达人"评分标准

时间	评价标准			
10 分钟	A 等级 (80 个单词以上)	B 等级 (70—79 个单词)	C 等级 (60—69 个单词)	D 等级 (60 个单词以下)

2. 评选性评价

这个评价起到以评促学的作用，通过评选一、二、三等奖，激励广大学生积极主动巧记单词，多记单词，不断积累单词，为英语学习打下坚实的单词基础。

（撰稿人　嵇玉婷）

课程 3-6　绘声绘色说英语

一、课程背景

"绘声绘色说英语",不仅指要大声说英语,而且要求有感情地读。绘声绘色说英语,秉承"美读"原则,要求读者用作者的口吻表演作品,把主人公的喜怒哀乐用声音语调的轻重缓急表现出来,让人如亲临其境。绘声绘色说英语,把文字符号还原成一种真情实感,与作者对话,读出作者的感情。"绘声绘色说英语"为学生设置了表演的平台,创造了说的情境和机会,让孩子带真情实感去读、去演,发掘孩子内在的学习驱动力,让孩子由被动变主动的学习,从而提高学习的兴趣。

本课程的理念是：Practice makes perfect!（熟能生巧,越练越好）在五年级学生中开设此课程,通过绘声绘色地说话、表演,让学生积累词汇量,并初步懂得朗读英语的技巧,纠正学生朗读时的不良习惯,并能流利地说英语、用英语。"绘声绘色说英语"能培养学生朗读英语的美感,促进理解,让孩子的心融入故事,体验情感之美,提升审美能力,激发学生英语学习的兴趣,建立学生流利说英语的自信心,培养良好的英语阅读习惯,为儿童终身学习和可持续发展奠定坚实的基础。

二、课程目标

1. 学会用正确的语音语调,熟练、流利并有感情地朗读十个绘本故事。
2. 能和小组成员合作表演故事,感受作品的内涵。
3. 学会欣赏作品,提升审美能力和综合语言运用能力,从而增强自信心,激发英语学习兴趣。

三、课程内容

"绘声绘色说英语"课程以"美读的技巧、美读的形式和美读的范本学习"为主题,让学生学会通过语音、语调、节奏变化来表现作品,展示作品的魅力。

(一)美读的技巧

读出感情需要技巧,要正确处理好停顿、语音、语调,要掌握好节奏和语速,使语言具有表现力。

1. 停顿

停顿是人们在朗读时为了生动、清楚地表达意思,在句中、句末、句群或段落之间的间歇。英语语法规定,根据阅读或讲话句子长短情况,可按意群进行停顿。朗读时一个意群不能分开读,否则,就会影响整体意思的表达和理解。

2. 重音

重音是指那些在表情达意上起重要作用的字、词或短语,在朗读时要加以强调的技巧。重音是通过声音的强调来突出意义的,能给色彩鲜明、形象生动的词增加分量。在通常情况下,实义词、表示新信息的词、强调的词、想形成强烈的对照的词都需要重读,反之则轻。

3. 语调

语调,即说话的腔调。人们说话时声音时高时低、时升时降的变化与语句重音结合在一起,就构成了英语的语调,其中以结尾的升降变化最为重要,一般是和句子的语气紧密结合的。朗读时,如能注意语调的升降变化,语音就有了动听的腔调,也就能够更细致地表达不同的思想感情。

4. 节奏

在朗读时,重音节要念得重些、长些、慢些,非重读音节则要念得轻些、短些、快些。重音特别响亮清楚,非重音则显得不那么响亮清楚,这种自然形成的轻重、长短、快慢等有规律的交替就构成英语里的基本节奏。

5. 语速

通常是指发音的速度,语速要随节奏的变化而变化,在朗读时,适当掌握朗读的快慢,可以造成作品的情绪和气氛,增强语言的表达效果。

(二) 美读的形式

要读出美感,就要用各种形式去表现语言。在朗读时,我们可以运用以下的形式,促进孩子去领悟作品的思想情感。

1. 大声朗读

进入作品,大声朗读,感知内容,熟悉文本,体会作者以及作品的感情色彩,把内容、语言化为自己的理解和感受。

2. 节奏朗读

学会配合音乐朗读诗歌,变换不同的节奏,感悟不同节奏有不同的表现力,体会作品的情感。

3. 分角色朗读

分角色朗读能够根据不同人物的语言,体会不同人物的内心世界,感受人物不同的性格特点。

4. 表情朗读

学会带着表情,借助眼神、手势、体态表达作品的情感,表现人物的喜怒哀乐,引起听众的共鸣。

5. 表演绘本

在熟练并能有感情朗读的基础上,对绘本进行表演,表演时创设情境,营造氛围,并学会用面部表情、声音的变化以及肢体语言来表达故事角色的感情。适当的妆容、灯光布景、配乐,能增强艺术效果。通过表演,绘声绘色说英语。

(三) 美读的范本学习

为孩子提供朗读范本,让孩子多听、多模仿。原生录音的示范朗读直接影响着学生的模仿以及朗读能力的发展。通过录音的范读,学生可以模仿课文情感基调和朗读技巧,深入理解文章内容,进而达到准确朗读、有感情地读的目的。范本是以"攀登英语阅读系列分级阅读第五级"

为内容，故事情节非常适合学生进行表演，其内容涉及情绪管理、人际交往、自我完善、生活常识等方面的主题，具体内容如下：

1. 情绪管理

这类绘本涉及各种有关情绪管理的词汇，有利于孩子表达快乐、暴戾等情感，学会管理自己的情绪。这类词汇如 Happy Tips、The Wind 等。

2. 人际关系

人际关系是指通过人与人之间的交往建立起心理的联系。在交往过程中，会遇到各种各样的问题，学会表达感情，有利于朋友之间的交往，获得快乐和满足。人际关系这个模块中包含 I'm Waiting for you!、Behind the Windows 及 The biggest Hamburger and the Smallest Pizza 三个绘本故事。

3. 自我完善

人无完人，金无足赤。人是在不断学习中自我完善的。面对不足向榜样学习，完善自我，从而提升自己，学会成长。自我完善模块中我们将学习 You Are the Swan in My Heart、It's Not Easy to Be a Mother 和 This is my father 三个绘本。

4. 生活常识

生活常识，涉及社会和家庭生活的方方面面。了解社会规则和生活常识，有利于促进人与人之间相互理解，有利于孩子从容面对生活中各项困难。在生活常识中，我们将学习 The Easy Job May Not Really Be Easy 和 There Should Be Some Rules 两个绘本。

四、课程实施

本课程共安排三十二课时，实施前教师要准备好书籍和 MP3，制定课程展示活动方案。具体实施方法如下：

（一）模仿录音，大声朗读

孩子通过每天反复跟读一个故事，在反复模仿跟录音朗读的情况下,纠正语音面貌,学会把握好节奏、正确的语速、适当的语调、适当的情感等。此外大声朗读可以增强孩子自信,让孩子快速形成地道、流利的朗读绘本的能力以及正确的语感。

(二)实践锻炼,共同提升

通过Q群分享朗读、分小组朗读、小组分角色朗诵等形式,提升学生听说能力,学会欣赏和评价。在评价的过程中,再次强化语音、语调、节奏等对语言表达的作用。

(三)入情入境,美读绘本

在整体语言表达能力提升的基础上,学生以小组为单位,自由组合,选择根据绘本制作而成的动画片、电影进行配音。在配音过程中,联系生活实际,进行再创造,将文字内化为自己的语言体系,置身于作品的情感体验中,获取感悟,体会作者的情感,获取美的享受,从而提升阅读的兴趣。

(四)朗读大赛,展示成果

比赛分为初赛和决赛。初赛进行班级海选,各班分为八个小组,每组从十二个绘本故事中任选一个参加班级比赛,由全班师生根据评选指标和决赛名额,共同选出代表参加校级比赛,取得最高分的将进入校级决赛。

五、课程评价

坚持发展性评价,关注孩子在阅读过程中的发展和提升,关注孩子的积极情感和态度,以过程性评价为主,辅以终结性评价,促进孩子英语能力的全面发展和提高。

(一)过程性评价

过程性评价采取多元评价方式,包括自评、家长评价、小组评价、老师评,目的是为了更好地了解孩子是否主动积极地参与读绘本,是否理解绘本的内容并流利、有感情地朗读,是否能和小组成员表演绘本,是否懂得运用工具书等,通过评价了解孩子的阅读能力以及相关技能的发展情况等。评价表格如下(见表3-9):

表3-9 "绘声绘色说英语"学习评价表

班级：＿＿＿＿ 姓名：＿＿＿＿ 书名：＿＿＿＿

评价标准	自评	家评	小组评	师评
	是的在方格内打"√"			
能够自觉、自主读绘本				
能准确、流利、有感情地朗读绘本				
对绘本内容进行有表情地复述				
能和小组成员表演绘本				
能有意识地运用工具书帮助阅读				
通过对绘本的学习，提高对英语学习的兴趣				

（二）终结性评价

终结性评价主要是通过英语美读大赛进行的评价，初赛在班内进行，各小组负责表演一个绘本，根据下表的评分标准评出特等奖和一、二、三等奖，特等奖参加全校的决赛。具体操作如下（见表3-10）：

表3-10 英语美读大赛评价表

评价标准		满分	综合得分
语音	英语语音标准，发音清晰，语调自然，连读、重读准确适中	20分	
语速	语速恰当，声音洪亮，表达自然流畅。不恰当停顿或重复一次扣0.5分	20分	
节奏	节奏把握好，朗诵优美，富有感情	20分	
情感	感情真挚，表达自然，能较好地运用姿态、动作、手势、表情，反映朗诵内容的内涵。朗诵富有表现力，能与观众产生共鸣，营造良好的朗诵效果	20分	
台风	表情自然，表演投入、精彩	10分	
服装	穿戴整齐，服装有特色，适合人物的形象	5分	
道具	道具、配乐适当	5分	

（撰稿人　何丽华）

第四章

好才艺：美化我们的生活

法国著名剧作家阿努伊说过："生活是美好的，但它缺少形式，艺术的目标正是给生活某种形式。""好才艺"系列课程以培养学生的艺术审美为核心，以发展学生的兴趣爱好为动力，以不同形式的课程内容引导学生了解艺术的表现方式和表达方法，让学生体验艺术学习和实践活动带来的喜悦，提高个人的审美品位和审美能力，拥有创造美好生活的能力和追求高尚精神生活的品质。

席勒说："从美的事物中找到美,这就是审美教育的任务。"我们坚信每个孩子都具有学习艺术审美的潜能,能在他们不同的潜质上获得不同程度的发展。孩子们在学习艺术审美过程中能自由抒发情感,表达个性创意,启迪智慧,丰富和发展形象思维,增强自信心,养成健康人格,激发创新意识和创造能力。因此,美育是心灵的教育,是提升一个人、一个学校、一个社会基本素质的重要途径。

"好才艺"系列课程理念是"以艺术审美为核心,以兴趣爱好为动力"。关注文化和生活,以灵活多样的教学方法激发学生的学习兴趣,并使这种兴趣转化为持久的情感态度。把全体学生普遍参与和发展不同个性有机结合起来,强调艺术实践,鼓励艺术创造。通过艺术实践有效提高艺术素养,增强自信心,培养学生良好的合作意识和团队精神,通过课堂设定生动有趣的活动内容、形式和情境,发展学生的想象力,增强学生的创造意识。

我校开设的"好才艺"系列课程是面向全体学生的综合性课程,分为必修课和选修课,其课程性质主要体现在以下四个方面:一是人文性,"好才艺"系列课程学习的艺术作品和开展的艺术活动均注入了不同文化身份的创作者、表演者、传播者和参与者的思想情感和文化主张,是不同国家、民族、时代文化发展脉络以及民族性格、情感、精神的展现,具有鲜明而深刻的人文性;二是愉悦性,"好才艺"系列课程强调在学习过程中自由抒发情感,表达个性和创意,增强自信心,让孩子时刻能感受到愉快和喜悦;三是审美性,"好才艺"系列课程注重"以美育人"的教育思想,通过学习过程培养和提高孩子感受美、创造美、鉴赏美的能力,发展感知和形象思维能力;四是实践性,"好才艺"系列课程所有的教学活动都强调孩子必须参与艺术实践,如演唱、演奏、聆听、即兴创编、现场绘画书写等实践活动,将其作为孩子获得艺术审美体验的基本途径。

"好才艺"系列课程的目标分三个年段来设定,低年段选择一项自己喜欢的艺术学科进行学习,感受艺术活动给人带来的愉悦,并对艺术活动产生兴趣。开设的课程有书法必修课,陶笛、葫芦丝选修课。中年段参与一项或两项艺术活动,并对此艺术学科课程学习产生兴趣,持续对一项艺术学科进行学习,从中了解与艺术活动相关的人文精神,初步感受艺术创作的乐趣,积极参与集体的合作演出,感受成功的喜悦。开设的课程有书法、葫芦丝必修课,管乐、合唱选修课。高年段熟练掌握一项艺术学科项目的基本功,能够与他人合作,进行简单的创作。持续对一项艺术学科进行学习,积极探索艺术课程所涉及的与其他相关学科的联系,有自己的独特理解,积极参与艺术创作,或集体的演出,能够在作品中展示个人的情感,并从中培养良好的审美品格。"好才艺"系列课程具体实施如下:

一、课堂普及教学

"好才艺"系列课程进课堂,让每个学生都掌握一至两项才艺。每个年级每个班开展"书法进课堂"活动,每周一节书法课,通过课程学习学生应做到书写规范、端正、整洁,行文整齐,学会在书写中体会汉字书法之美。在年级中,每个年级选择一个艺术项目,作为年级里面的特色项目,其中一年级非洲鼓特色、三年级陶笛特色、五年级葫芦丝特色,孩子们通过对器乐的学习了解不同民族的音乐传统,感知音乐中的民族风格和情感,感受民族乐器的魅力,热爱中华民族音乐文化,并在学习和传承中不断提升艺术素养!

二、社团特色教学

"好才艺"系列课程在课堂普及的基础上组建才艺社团,通过学习使孩子们保持愉快的心情,陶冶情操,培养孩子们"阳光自信、团队合作"精神。在课堂普及的基础上选拔优秀的学生进入才艺社团,其中管乐社团在四年级开展,通过合作演奏提高学生的合作能力、鉴赏能力、控制能力等,提高学生艺术兴趣与素养,提升个人的文化修养和审美品位。合唱社团在二至六年级开展,通过合唱学习,不断增强学生的集体意识和协调能力,提高学生对音乐的鉴赏能力,激发、振奋孩子们的乐观精神,丰富其形象思维,促进智商的发展,建立和谐融洽的合作友谊,促进学生音乐感受能力和表现能力的提高,培养团队精神。

三、展示交流

　　学生通过课堂的学习和丰富多彩的社团活动,掌握一定的才能,具有一定的展示能力。学生以个人或集体合作的方式参与各项艺术活动,了解艺术语言及其表达方式和方法,掌握一项艺术技艺,拥有高远的精神追求,在积极的情感体验中提高审美品位和审美能力,形成创造美好生活的愿望与能力,充分体现"以美育人"的教育思想。每年开展"红棉花季"系列课程展示活动,如书法比赛、器乐比赛、歌唱比赛。选拔优秀的学生参加广州市"美育节"。通过一系列的展示活动,使学生收获自信,收获成长,成为一个德、智、体、美、劳全面发展的新时代接班人。

　　法国著名剧作家阿努伊说过:"生活是美好的,但它缺少形式,艺术的目标正是给生活某种形式。""好才艺"系列课程以艺术审美为核心,以兴趣爱好为动力,突出课程整合的功能,把引导人健康向上、积极乐观的情感态度作为课程目标的重要价值取向,丰富孩子们的情感体验,培养良好的审美情趣,使其在艺术世界里受到高尚情操的熏陶,促进身心的健康发展,进而养成对生活积极乐观的态度和对美好未来的向往与追求,从而让孩子未来的生活更美好!

(撰稿人　彭翠桑)

课程 4-1 小喇叭，嘀嘀嗒

一、课程背景

开设小号课程是保障和提升音乐教学的有效手段。同时，小号作为管乐团的重要器乐，开设小号课程能够为学校管乐团的有效运作提供支持，更是实现学校红棉花季课程"十个好"目标的有效途径。结合学科教学和学校社团的需求，本课程在四年级开设。

吹小号，能增加肺活量，能使运动者保持愉快的心情。美国著名的音乐教育心理学家詹姆士·莫塞尔曾说过："器乐教学可以说是通往更好体验音乐的桥梁。"事实上，小号就是一个广泛的音乐学习领域，它为我们音乐教学提供了独特的音乐教育价值：陶冶情操，培养学生"阳光自信、团队合作"精神和审美的能力。

本课程的理念：学小号，我真棒！通过本课程的学习，让学生学会正确的拿握小号、正确的按键指法和准确的吹奏方法等；通过大量练习曲、乐曲的学习，丰富学生的音乐知识，提高学生对音乐的音高、节奏、节拍和长短等概念的认知；通过合作合奏的实践提高学生的合作能力、鉴赏能力、控制能力等，提高学生艺术兴趣与素养，提升个人的文化修养和审美品位。

二、课程目标

1. 了解学习小号的好处，知道小号的结构和发声原理、音色和音域特点；掌握小号的基本使用方法，学会用吐音的方法吹奏长音、断音、连音。

2. 学会自然调（B调）的音阶吹奏，学会吹奏初级教材的大量练习曲；学会《铃儿响叮当》、《皇家进行曲》乐曲声部的独奏与合奏等。

三、课程的内容

本课程以"认识小号、学会吹奏小号的方法、吹奏简单练习曲"为主题，具体分为三个模块。

（一）认识小号

了解小号的由来，知道小号的种类、音色特点、音域特点，激发学习小号的兴趣，帮助学生更好掌握这门乐器，增强学习这门艺术的信心。

1. 什么是小号

小号俗称"小喇叭"，铜管乐器家族中的一员，常负责旋律部分或高亢音色的演奏，也是铜管乐器家族中音域最高的乐器。常用于军乐队、管弦乐团、管乐团、爵士大乐团或一般爵士乐演奏。

2. 小号的历史

小号最初的形状是一根管子，一端是吹口，另一端是喇叭口，其长可达数公尺。小号的起源无从考究，在数百年前出土的古埃及法老墓里就出土过小号，首次记载是在公元前15世纪的古埃及人和日耳曼部落的图画中。在过去的岁月中小号经历了众多的变革，已成为少数经过时代检验的乐器之一，并正随着新的音乐形式和使用的需要而不断发展。

3. 小号的结构

小号由号嘴、管体和机械三部分。管长1.355米，机械部分由活塞和活塞套组成，通过按下活塞接通旁路管以达到延长号管的目的，活塞分为直升式和回旋式两种。

4. 小号的音色特点

音色强烈、锐利、极富辉煌感，声音嘹亮、清脆、高亢，具有高度的演奏技巧和丰富的表现力，它是铜管族中的高音乐器，既可奏出嘹亮的号角声，也可奏出优美而富有歌唱性的旋律。小号使用弱音器可增加神秘色彩。

5. 小号的音域特点

高音谱号,移调高大二度记谱,实用音域:小字组 F——小字二组 C。

（二）小号的基本使用方法

每一门乐器,都有自己独特的使用方法和技巧,小号的基本使用是手和嘴的结合,缺一不可。

1. 小号的正确握法和指法

食指和中指还有无名指按顺序放在三个键上。do：三个键不动,不往下按。只要把嘴唇抿松一点就可以了,嘴唇张得微微大一点就可以了。re：第一个键,也就是食指的那个键和第三个键,无名指的那个键往下按。mi：三个键不动,跟 do 一样。do、mi、sol、do 上加一点还有 mi 上加一点都是三个键不动。fa：第一个键往下按。la：第一个键和第二个键往下按 si,第二个键往下按。re 上加一点,第一个键往下按,跟 fa 一样。随着音一点点往上高,嘴唇一点点抿紧就会吹出不同的音。

2. 小号的发声原理

把嘴唇贴近号嘴,震动嘴唇并带动管身内空气震动而发声。小号的发音由气流、发声体、共鸣体三个部分构成。气流是小号发音的动力。从人体呼吸器官呼出来的气流,有大小不同的流量和快慢不同的流速。流量和流速对于小号的发音有着很密切的关系。

3. 小号的口形要求

嘴唇在吹奏小号时的肌肉状态即吹奏口型,正确的吹奏口型,应该是在上下牙齿对齐并微微张开的状态下,运用吹奏肌肉的运动,使嘴唇肌肉向两边拉开的力量和向中间收拢的力量相互抵消而形成上下用力的形状。这个形状根据不同的用力,会在气流的作用下产生高低不同的声音。这样,小号吹奏发音的口型就形成了。

4. 演奏方法

通过控制嘴唇间的空隙、呼气量及震动的力度来改变音调、音量及音饰,小号上有三个活塞,每按下一个活塞,都会增加空气通过管道的总长,从而使发出的音调变低。

（三）小号基本吹奏

1. 小号的吹奏基本训练包括长音、断音、连音三种，都与张力、气息流和舌头有关。

（1）长音：张力小、气息流速慢、流量小，振动频率低，不用舌头发"FU"音节，这种方法发出的长音声音悠长、柔和，抒情性强，适合演奏慢速的、抒情的乐段。

（2）断音：张力大、气息流速快、流量大，振动频率高，振幅大，用舌头发"TA"的音节，用这种方法发出的断音声音坚硬、结实、刚劲有力，适用于强奏时的特殊效果，如重音、锤音的奏法。

（3）连音：张力小、气息流速快、流量小，振动频率低，振幅大，用舌头发"DA"的音节，用这种方法发出的连音声音柔和、有弹性，适合于演奏进行曲风格的片段。

2. 小号的吹奏基本训练曲目包括：（1）单音的断音、长音练习；（2）自然调 b 调的音阶练习；（3）b 调的练习曲八首；（4）学习《铃儿响叮当》、《皇家进行曲》乐曲声部的独奏与合奏等。

四、课程实施

本课程共三十课时，通过点拨教学、示范教学、技巧教学和拓展教学等方法，让学生学会正确的按键指法和准确的吹奏方法等，通过大量练习曲的学习、合作演奏的实践提高学生的合作能力、鉴赏能力、控制能力等。本课程学生需要提前搜集乐理知识、小号的相关知识，教师则需要准备乐器、课程展示的方案。具体实施如下：

（一）点拨教学

认识小号是学习吹奏的第一步，开好第一节课是提高学生兴趣的关键，在前五节课中主要了解小号的由来，知道小号的种类、音色特点、音域特点，激发学生学习小号的兴趣，帮助学生更好掌握这门乐器，增强学习这门艺术的信心。

1. 展示小号的声音魅力

通过讲解、视频、范奏等形式把小号概念、小号结构、小号音色和音域特点、小号历史等知识展现给学生,帮助学生更好掌握这门乐器。

2. 介绍小号的使用方法

通过讲解、视频、范奏等形式把小号的基本正确握法和指法、小号发声原理、小号的口形要求、演奏方法等知识展现给学生,帮助学生更好掌握这门乐器。

3. 乐理和视唱练耳基础知识的训练教学

每节课前利用十分钟进行乐理和视唱练耳的训练,不但能培养队员的读谱能力,还能培养学生的音准、节奏、乐感、和声。这对培养优秀的乐队队员尤为重要。

4. 个人的基础训练教学

个人基础训练内容有长音、吐音、连音、音阶等技能、技巧。吹奏耐力的训练包括音阶的练习、力度的练习、连音的练习,在音与音连接时,要用气连接吹奏,不可把两音分开、吹断,这也是每节小号教学必学必吹训练,特别是长音训练起码不少于五分钟的练习量。

5. 小号独奏与合奏

小号独奏与合奏是小号学习必不可少的教学,是培养学生独立吹奏与合作吹奏能力的关键。独奏教学除指法教学外,还要让学生深刻地去了解作品创作背景,理解乐曲所要表达的意境和内涵。

(二)示范教学

音乐的声音是富于创造性的,它具有不可指向性的特点。个人的领悟和情感不同,对音乐的创造也会不尽相同。在小号教学中,老师的示范教学很重要,对学生小号的技巧、手法、音色调节、强弱关系等的学习起到关键作用。

小号常用的是降B调。小号右手食指所按的键称为1键,中指和无名指所按的键称为2键和3键。基本规律:小号不按键时,从低到高依次可以吹出中音1、5和高音1、3、5以及超高音1、3;三个键都按下低音5;按下1、3两指低音6;按下3指或1、2两指低音7;中音2按1、3两指;中音 3 和 6 都是按 1、2 两指或 3 指;中音 4 按 1 指;中音 7 按 2 指;高音 2 和 4 都是按 1 指;高音 6 按 1、2 两指或者 3 指;高音 7 按 2 指。

自然调降 B 调的吹奏,在没按任何按键的情况下,用气吹出第一个音以后,尝试稍微收紧嘴唇,按压活栓一和二(活栓的编号是一到三,活栓一是最接近你的,活栓三朝向喇叭口);这时的音会变得更高,在不按活栓的情况下用你的小号演奏出 C;按下活栓一和三,演奏出 D;(如果你奏不出 D,尝试稍微收紧嘴唇);按下活栓一和二,嘴唇再收紧一点,吹出 E;接下来,按下活栓一,嘴唇再收紧一点,吹 F;不要按任何活栓,收紧嘴唇,吹 G;按下活栓一和二,嘴唇再收紧些,演奏 A;只按下活栓二,嘴唇收紧些,吹出 B;最后,松开所有活栓吹出升 C。

上课时,老师与学生还要实行"跟着练"、"模仿学"、"跟着做"的方法:第一,跟着练——用心学习,跟着吹,如吹奏找音:1 3　2 3 | 1 2　3 2 | 1 —‖ 其中 do 音怎样吹出来、re 音指法怎样等;第二,模仿学——榜样示范、模仿学,模仿学就是模仿怎样吹出来、音乐怎样、力度怎样等;第三,跟着做——用心做、平时基础,周周提高、月月总结、人人进步。

(三)技巧教学

著名小号演奏家赫伯特·克拉克曾说:"虽然有千万的人演奏音乐,但优秀的演奏家却只有极少数,因为大多数人的练习方法不正确,并且因忽略基本功的培养从而丧失日后获益的机会。"由此可见,小号的基本技巧很重要。

小号演奏的基本技巧有长音、连音、吐音等。长音即练习嘴唇、气息的能力、寻找舒服、正确地吹奏状态和理想的演奏音色,同样尽量避免演奏高音音域;连音是演奏者提高嘴唇控制能力的重要方法,尤其是 3 度连音,练习时,多体会嘴唇动作、气息推动感。其中吐音,即运用舌吐音是一个重要的吹奏技术,又分为单吐法、复吐法、三吐法、气吐法和滚音。技巧在教学实践中最为关键。

吐音舌头松弛自然,微微抬起,舌尖稍向上接触发"突"或"都"音节,要反复琢磨,舌头放松,舒适自然,吐音才能干净清楚。吐音练习,利用舌尖有弹性地轻触一下号嘴,产生短暂,干脆并富有弹性的气流,进而吹奏出具有跳跃性颗粒感效果的乐音,这就是吐音。吐音又可分单吐、双吐和三吐,小号还应强调双吐和三吐的训练。单吐法是吹奏时,先将舌尖抵在上牙龈处,吸气后,将舌尖弹下吐气,其动作如发"tu"音,连续单吐时,即不断重复这一动作。双吐法是在单吐音之后,再加缩舌动作,使舌尖抵在下牙龈处,舌的后部隆起。如发"ke"音,两个动作前后相连续,发音如"tk tk..."。三吐法为单吐法与双吐的结合使用,发音如"ttk ttk..."或"tkt tkt...",运用舌吐音时,切忌舌尖带动舌根乱动,舌头触及的面积过多、紧、猛等问题,在连续的吐音中,每吹一音断气、吸气各一次,开始宜以慢练起,逐步达到快吐音。

(四)拓展教学

吹奏小号需具有尽可能生动而深刻的表现力。第一,学习吹奏小号的人必须学会唱大量的民歌来加强对于这些作品的理解。理解加深了,对于作品的内容、感情以及所表达的特定的情绪、气氛,也就可以在练习吹奏的过程中比较生动、深刻地表现出来。第二,吹奏小号,我们还可以借助嘴唇、喉头或右手的颤动吹出类似歌唱的颤音,可以增强表现力,收到较好的演奏效果。独奏在吹奏乐曲时,首先是根据乐谱来理解它的音高、节奏、力度等,以及其所要表现的具体内容。第三,通过视唱,唱出具体声音来验证自己的理解是否准确,再用乐器将乐曲吹奏出来。

合奏是管乐团学习的最高形式,是管乐团成功的关键。为了激发学生学习的兴趣,让学生有展示的平台,促进学生能力的提升,学校每学年举行两次管乐器的合奏演出。通过合奏,让学生学会自我调控,懂得怎么样与别人合作。小号课从小课学习再到合奏学习,学会单曲的演奏后才能参加合奏训练,中间大约要经过三十个课时学习。第二学期开始,每月与其他乐器合排一次。通过合奏,考核学生小号的演奏能力和技巧,同时考察学生对音乐的理解能力、感受能力和表现能力。为了保证作品演奏的完整性,在合奏中出现的问题应当在演奏完后再提出解决,不可随吹随停,这样会破坏作品听觉效果的完整性。另外,好的作品欣赏不能缺。欣赏丰富的音乐作品,能够培养他们良好的鉴赏、理解及分析音乐作品的能力,提升他们的音乐素养,为演奏服务。平时训练时要注意几个原则:第一,先唱后吹的原则;第二,先慢奏后原速的原则;第三,先部分后整体的原则;第四,先抓"谱"后抓"神"的原则。

五、课程评价

本课程以学生发展为主,不以学业质量为评价准绳。课程注重学生兴趣、爱好的提升和特长的发展,推动并实现学校文化育人的目的,引导学生个性化发展,提高学生的艺术兴趣和艺术修养。课程评价以过程性评价为主,目的是引导学生能够正确评价自己的学习过程,发现自己的不足,为自主学习提供导向。

(一)点赞式评价

学生通过课堂笑脸点赞形式,对学生的学习态度、参与意识、掌握的基本技能进行评价,分自我评价、老师评价两种形式,记录学生的上课学习态度是否主动积极、是否遵守课堂纪律、是否能与他人合作、能否按照要求完成练习等,从学习效果中获取评价的信息。评价表每节课后由小组长进行回收,操作性强。具体评价内容如下(见表4-1):

表4-1 "小喇叭 嘀嘀嗒"课堂笑脸点赞表

第_____节　　学生姓名:_____　　老师:_____

序	具体内容	自评	老师评	备注
1	上课学习态度	☺ ☺ ☺	☺ ☺ ☺	
2	上课学习主动积极	☺ ☺ ☺	☺ ☺ ☺	
3	上课合作学习	☺ ☺ ☺	☺ ☺ ☺	
4	正确方法吹奏	☺ ☺ ☺	☺ ☺ ☺	
5	视唱的基本训练	☺ ☺ ☺	☺ ☺ ☺	
6	节奏的基本训练	☺ ☺ ☺	☺ ☺ ☺	
7	长音力度	☺ ☺ ☺	☺ ☺ ☺	
8	长音耐力	☺ ☺ ☺	☺ ☺ ☺	

续表

序	具体内容	自评	老师评	备注
9	吐音练习	☺ ☺ ☺	☺ ☺ ☺	
10	连音练习	☺ ☺ ☺	☺ ☺ ☺	
11	能按照要求完成练习	☺ ☺ ☺	☺ ☺ ☺	

说明：☺一般；☺ ☺较好；☺ ☺ ☺优秀。

（二）星级制评价

星级评价是对学生学习成果的评价。从学习态度、行为、交流与团结合作能力、技巧技能、表现能力等四方面进行评价，由平时观察记录的小组评、期末测试考核的教师评价为主。评价分三颗星、二颗星、一颗星，三颗星为学习态度端正、目的明确、练习主动积极，服从指挥、善于与他人合作，基本技能掌握好（正确方法吹奏长音吐音连音等）、学习效果十分显著；二颗星为学习态度端正，目的明确，练习较为主动积极，服从指挥、能与他人合作，基本技能掌握好、学习效果显著；一颗星为目的明确，服从指挥、能与他人合作，基本技能掌握一般、学习效果一般。具体评价如下（见表4-2）：

表4-2 "小喇叭 嘀嘀嗒"课程成果评价表

学生姓名：_____ 学期：_____ 老师：_____

序	具体内容	小组评	老师评	备注
1	学习目的和态度	☆☆☆	☆☆☆	
2	练习主动完成情况	☆☆☆	☆☆☆	
3	对小号的了解	☆☆☆	☆☆☆	
4	正确方法吹奏	☆☆☆	☆☆☆	
5	长音、吐音、连音吹奏情况	☆☆☆	☆☆☆	
6	自然调音阶吹奏	☆☆☆	☆☆☆	
7	变音奏技能技巧	☆☆☆	☆☆☆	
8	降B调、E调、A调掌握情况	☆☆☆	☆☆☆	
9	F调、D调、G调掌握情况	☆☆☆	☆☆☆	
10	20多首练习曲	☆☆☆	☆☆☆	

续表

序	具体内容	小组评	老师评	备注
11	6首左右的听赏曲	☆☆☆	☆☆☆	
12	《铃儿响叮当》乐曲的熟练程度	☆☆☆	☆☆☆	
13	《皇家进行曲》乐曲的熟练程度	☆☆☆	☆☆☆	
14	《暴风雨》乐曲的熟练程度	☆☆☆	☆☆☆	
15	独奏和合奏的表现	☆☆☆	☆☆☆	

（撰稿人　张武）

课程 4-2

小小书法家

一、课程背景

《语文课程标准》里明确提出:"按照规范要求认真写好汉字是教学的基本要求,练字的过程也是学生性情、态度、审美趣味养成的过程。"历年来,下沙小学以语文学科教育为主导,由上至下形成了优秀的汉字书写传统。学生书写基础较扎实,对汉字书写活动倾注了极大热情,历年来在规范汉字书写比赛中均获不俗成绩。学校开展汉字书写课程,将"好习惯"、"好书法"不断传承和发扬,形成学校的特色课程。

本课程的理念:提笔即练字。通过课程学习,学生能熟练用钢笔书写正楷字,写字有一定的速度,书写做到规范、端正、整洁,行文整齐,学会在书写中体会汉字的优美,具有初步的书法欣赏能力。根据课程内容,本课程在五六年级学生中开设。

二、课程目标

1. 能熟练用钢笔书写正楷字,写字有一定的速度,五年级十分钟书写一百五十至两百个字,六年级十分钟两百个字左右。

2. 书写做到规范、端正、整洁,行文整齐,学会在书写中体会汉字的优美。

3. 了解一些书法家的故事、中国书法史常识、学会欣赏经典书法名作,进一步了解中国书法悠久的历史,具有初步的书法欣赏能力。

三、课程内容

本课程以"学习汉字文化、了解合体字分类、书法创作"为主题,分为三个模块。

（一）中国汉字文化的学习

了解中国书法悠久的历史,具有初步的书法鉴赏能力。欣赏一幅书法作品,需从整体到局部,再由局部到整体,领会作品意境。首先,要看文字的点画线条,好的作品笔画须具有力量感、节奏感和立体感。如节奏感是指书写者在创作过程中,由于运笔用力大小及速度快慢不同,产生笔画的粗细和长短等不同,使作品的笔画线条产生或强或弱的节奏。其次,看整幅作品的空间结构,包括单次的结体、整行的行气和整体的布局。要求做到疏密得宜、平整均衡、变化多姿等。

（二）合体字的分类学习

合体字分为四类：纵向组合的上下结构和上中下结构；横向组合的左右结构和左中右结构；内外结构的全包围结构和半包围结构；多偏旁多构字单位组合的繁杂结构。此内容包括常用偏旁的训练：单人旁,双人旁,两点水,三点水,木字旁等等。

（三）整篇文章的训练及硬笔书法作品的创作

书法课的训练分为单字练习、词语练习、句子练习与整篇文章的练习。整篇文章的抄写训练,即书法"三要素"中的章法训练,要求学生做到字与字,行与行之间的间距都要一致,合理安排每个字在同一水平线上的位置,达到工整美观的效果。章法的训练能有效地培养学生书写的连贯性与协调性。

四、课程实施

本课程共十六课时,学生需要准备书写工具,教师则需要准备书法比赛方案。具体实施如下：

（一）向学生讲述有关中国书法史及古代书法家的故事

第一，中国书法是一门古老的艺术，从甲骨文、金文演变成为大篆、小篆、隶书，定型于东汉魏晋的草书、楷书、行书，书法一直散发着艺术的魅力。中国书法的三个基本要素是：用笔、结字、章法。

第二，向学生讲述古代的书法家故事，激发孩子们的书写兴趣。以王羲之为例，王羲之7岁练习书法，勤奋好学。17岁时他把父亲秘藏的前代书法论著偷来阅读，看熟了就练着写，他每天坐在池子边练字，送走黄昏，迎来黎明，练完字就在池水里洗笔，天长日久竟将一池水都洗成了墨色。人们今天仍可在绍兴看到传说中的"墨池"。

（二）把汉字按不同偏旁进行分类教学

以单人旁的书写为例，老师会挑出某个代表性的字透彻地讲解，如"休"字，先展示休字的甲骨文，同时讲解相关含义，即这是一个象形文字，表示一个人待在大树枝叶之下乘凉歇息。然后，老师示范，强调这是一个左右结构的字，单人旁须撇长竖短，右边的"木"字中竖挺直，撇收捺放，注意写出笔画笔锋。接下来让学生仔细观察，临摹练习。

（三）期末综合测验课

在每个学期末，让每个学生书写一份硬笔书法作品，一般是写一首古诗词。通过这样一种方式，来检验学生的学习成果，并于下学期在班级展示，促进学生的学习兴趣，进一步确立新的学习目标。

五、课程评价

本课程以鼓励为主，不以学业质量为评价准绳。课程注重学生兴趣、爱好的提升和特长发展，推动并实现学校文化育人的目的，引导学生个性化发展，提高学生的艺术兴趣和艺术修养。

（一）选拔性评价

每年学校都将举办"红棉花季"系列课程展示活动，其中有"诗书画印"现场书法比赛，比赛中将选拔出一批优秀的学生作品，继续上送参加黄埔区举办的"中小学生规范汉字书法大赛"。

（二）鼓励性评价

根据学生的基本姿势、表达能力、书写速度进行评价，分自我评价、小组评价、教师评价三种形式。评价标准为：双姿正确，书写规范、正确、整洁，运笔有笔锋，书写速度较快得"四颗星"；双姿正确，大多数书写符合汉字书写规范要求，运笔略有笔锋，达到标准速度得"三颗星"；双姿正确，通篇较整齐，但字形较差，较多字有明显缺点，运笔基本无笔锋，速度较慢得"两颗星"；姿势不正确，笔画随便，无笔锋，结构松散，字迹潦草，通篇不整齐得"一颗星"。具体评价如下（见表4-3）：

表4-3 "小小书法家"评价表

姓名：_____　　　　　　　　　　　　评价日期：_____

项目	评价指标	自评	小组评	教师评
1	我能做到单字结构准确，字、行距得当	☆☆☆☆	☆☆☆☆	☆☆☆☆
2	我运笔有笔锋，有一定的书法韵味	☆☆☆☆	☆☆☆☆	☆☆☆☆
3	我的版面整洁，布局合理	☆☆☆☆	☆☆☆☆	☆☆☆☆
4	我的姿势正确，有一定书写速度	☆☆☆☆	☆☆☆☆	☆☆☆☆

（撰稿人　王艳梅　陈楚君）

课程 4-3

童声嘹亮

一、课程背景

我国著名音乐教育家赵渢说过:"衡量一个国家音乐文化水平的高低的标志是什么？不能光看出了几个演奏家、歌唱家,有几个音乐家在国际上拿了大奖,而是要从整体的国民音乐素质,从普通群众业余音乐生活的发展上看水平。其中,普通中小学音乐教育的健康发展,普通中小学音乐课程的设置,青少年音乐素质及掌握音乐技术能力的高低,是决定一代人乃至几代人音乐修养全面素质提高的关键。"合唱就是一种表现力丰富的演唱形式,它具有高雅、美的欣赏价值。这种演唱形式要求在歌声的力度、速度、色彩和感情上高度统一。本课程适合三、四、五年级学生。

本课程理念：我爱唱,我会唱。通过合唱学习,发展学生个性特长,提高学生音乐审美能力的同时,培养实践、合作等综合能力,陶冶高尚的情操,提升学生综合素质。通过长期的合唱训练,学生能掌握较好的歌唱技能,学会处理不同的作品,而且会用不同的情感来表现歌曲内容。演唱优秀的童声合唱歌曲,对于孩子们道德的培养、性格情操的熏陶、形象思维的丰富都是有积极的作用。同时,合唱能培养学生的合作能力、合唱技能、艺术形象的塑造及表现,促使孩子们扩大视野、积极思考,从而有力地促进孩子们的智力发展。

二、课程目标

1. 通过合唱的训练,掌握发声的方法与技巧。
2. 学会演唱八首歌曲,体会歌曲表达的情感并从中感受歌曲的魅力。

三、课程内容

本课程以"合唱基本功训练、赏析优秀合唱实例、熟悉歌曲、掌握旋律、歌曲的演唱"为主题,具体分为四个模块。

（一）基本功训练

合唱是一门综合性的艺术,对学生的要求较高,尤其对于儿童,训练起来难度更大。但是,只要教师采取正确的方法,通过长期、循序渐进、有针对性的训练,特别是注意呼吸训练和发声训练及歌曲的艺术处理后,是能使学生发出和谐、优美、具有感染力的声音的。合唱教学不单是要让学生唱会一个声部或唱会一首歌,而是要通过合唱的训练培养学生的和声听觉,发展和声思维,提高合唱技巧和能力,所以要求学生要将所有声部的旋律都掌握。只有在两个声部都相互了解其艺术要求的前提下,才能做到调节自身的音量和速度,达到声音和谐的效果。

1. 合唱的声音训练

好的合唱音质来源于正确的歌唱姿势、兴奋的歌唱状态,需打开喉咙,放松下巴,张开两指大的口形,抬高软腭,以半打哈气的状态进行发声。

例：

流畅练习曲　　2/4　54 | 32 | 1 — | 1 —

　　　　　　　　　Ma — a — a — a —

断音练习曲　　3/4　531 | 531 |

　　　　　　　　　Mi mi mi ma ma ma

2. 合唱的音准训练

主要的要领为二度、三度、纯四、五音程的听唱。

例：三度 2/4　13 | 35 | 57 |（唱唱名）

3. 合唱的节奏训练

节奏的训练可以多样化,由简到繁,先拍手再加入跺脚,比如,每二分音符拍一下手,四拍后加入脚,每四分音符跺一下,逐步发展到紧密节奏的练习。这样全部肢体的配合练习，不光训练了节奏，对身体的协调性也有了锻炼。

例：节奏类型

X X　　X X X　　X X X　　X X X X

几种节奏型可以拆分，也可以结合组成新的节奏型。

(二)赏析优秀合唱实例

教师要精心选取能够唤起儿童美感的合唱歌曲，把它合理地组织在一起，然后对学生进行由浅入深地系统教育，帮助学生了解一些优秀合唱作品的表演风格和表现形式，提高欣赏水平。银河少年合唱团的《让我们荡起双桨》和上海小荧星合唱团的《听妈妈讲那过去的事情》等可作为学习的范本。

(三)熟悉歌曲，掌握旋律

对孩子们所实施的一切教育活动都应该紧紧围绕"发展儿童全面素质"这一中心来进行。合唱教学虽有其独特性，但也要围绕这一教育总目标来进行，既要发挥合唱教学独有的育人功能，又要为儿童整体素质的全面提高发挥整体效应。

1. 在培养孩子集体主义和爱国主义的健康情感时，就可以选择《祖国像妈妈一样》、《山童》这一类题材。优美的旋律将给他们的心灵留下深刻印象，爱国主义教育亦在潜移默化中进行。

2. 在培养孩子团结友爱、互相帮助时，则选用《56个小朋友手拉手》等歌曲，寓教于乐，使学生们在愉快、乐趣中得到启发，受到教育。

3. 在培养孩子热爱地球、热爱生活、保护环境时，可以选用《给未来一片绿色》等歌曲，激励学生立志从自己做起保护大自然，热爱生活。

(四)歌曲的演唱

结合小学生特点以及少先队活动内容，重点选用中国古典诗文，以诵唱相结合的形式进行，主要选用曲目：包括孟浩然的《春晓》、铁鹤滩的《明日歌》、王维的《相思》、骆宾王的《咏歌》、杜牧的《清明》、孟郊的《游子吟》等。

四、课程实施

本课程共三十课时,作为拓展课,招收对歌唱具有较强兴趣的学生,目标六十人左右。场地安排在音乐1室。具体实施方法如下:

(一)课前准备

按学生个人声音条件,分为高、中(中一、中二)、低,三个声部。反复练唱练声曲,通过练习提高音色亮度、气息的深度以及音准和节奏的精确度。

(二)循序渐进学习法

和谐统一的发声是合唱的基础。教学过程中,首先,利用练声曲训练学生有技巧的发声习惯。其次,因为目前小学音乐课堂是用简谱教学,很多合唱歌曲都是使用五线谱,在进行声音训练的同时加强五线谱的学习。再次,挑选一些合唱片段,对合唱的难点和技巧进行训练,做到学以致用。最后,学习和表演合唱作品,对学生进行合唱整体意识的培养。教师也要充分发挥指挥的作用,提升歌曲的艺术处理能力和歌曲伴奏能力。

(三)示范法

在学习过程中,教师要多进行示范演唱,让学生多模仿,也可以请学得最快最好的学生来示范和谈自己的体会,从而提高学习效率。学生在学习的时候,要科学地运用气息,把每一个字都唱得清晰、饱满,将字与字之间自然地衔接起来,做到圆润通畅。教师和学生的现场示范可以让学生更加直观地感受到整个声音的状态,更快地找到适合自己的歌唱方法。

(四)展示交流法

学生通过一个阶段的学习,每个人准备一首歌曲,在教室进行演唱,其他学生可以对演唱者进行点评,也可以对他演唱中不满意的地方再次进行演唱。在不断交流中,大家可以逐步提升自己的演唱水平,这样的展示与交流能够让每个学生充分感受到表演的艺术魅力。

（五）观摩法

学生在学习过程中，教师寻找其他优秀合唱团的表演视频，如《赤岗》《热带的地方》《牧歌》等进行观赏，鼓励学生、动员家长多带孩子去音乐厅欣赏高水平音乐会，特别是知名合唱团的专场演出，进行观摩学习。通过观摩，开阔学生们的眼界，提高对合唱艺术的理解和自身的演唱水平，从而提升自己的音乐修养。

五、课程评价

本课程不以学业质量为评价准绳，注重学生兴趣、爱好的提升和特长的发展，推动并实现学校文化育人的目的，引导学生的个性化发展，提高学生的艺术兴趣和艺术修养。课程评价以过程性评价为主，目的是引导学生能够正确评价自己的学习过程，发现自己的不足，为自我的主动学习提供导向。

（一）点赞式评价

通过课堂音符点赞形式，对学生的学习态度、参与意识、基本技能的掌握进行评价，评选出"中国好声音"。评价分为自我评价、小组评价、教师评价三种形式，主要记录学生的上课学习态度、是否主动积极、是否遵守课堂纪律、是否能与他人合作、能否按照要求完成练习等，从学习效果中获取评价的信息。集音符评价标准：一个为一般；两个为良好；三个为优秀。（见表4-4）：

表4-4 "中国好声音"评价表

第＿＿节　　　　学生姓名：＿＿＿＿　　　　老师：＿＿＿＿

序	具体内容	自评	小组评	教师评
1	上课学习态度	♪♪♪	♪♪♪	♪♪♪
2	上课合作学习	♪♪♪	♪♪♪	♪♪♪
3	正确歌唱姿势	♪♪♪	♪♪♪	♪♪♪

续表

序	具体内容	自评	小组评	教师评
4	合唱基本训练	♪♪♪	♪♪♪	♪♪♪
5	掌握正确的音准与节奏	♪♪♪	♪♪♪	♪♪♪
6	完成合唱项目	♪♪♪	♪♪♪	♪♪♪
7	能按照要求完成练习	♪♪♪	♪♪♪	♪♪♪

（二）展示性评价

在期末配合学校活动参加演出或者代表学校外出参加合唱比赛，通过演唱完整的合唱作品，展示合唱阶段学习成果。按照分数进行排名，总分前十五名，评为"社团活动优秀学生"。评分表如下（见表4-5）：

表4-5 评分表

评价人：_____   日期：_____

内容	音准到位	节奏准确	演唱表现佳	艺术感染力强	团队合作能力好	总分
分值	20分	20分	20分	20分	20分	100分
得分						

（撰稿人　刘艳艳）

课程 4-4　小葫芦　真有趣

一、课程背景

党的十八大报告明确提出:"文化是民族的血脉,是人民的精神家园。"弘扬和传承民族乐器是我们音乐老师的光荣使命,"民族传统乐器进校园"是我们艺术课程发展的方向。葫芦丝是我国傣族独特的民族乐器,其轻、飘、柔的音色打动了无数人的心扉。我们把葫芦丝带到音乐课堂,让孩子们感受民族乐器的魅力,并在学习和传承中不断提升艺术素养。在新颖教学模式的推动下,让学生愉快学习,喜欢学习,主动学习,在潜移默化中提高艺术素养。

本课程理念:我是最棒的"葫芦娃"。通过本课程的学习,让学生学会正确地按指法和准确的吹奏方法等。通过大量练习曲、乐曲的学习,丰富学生的音乐知识,提高学生对音乐的音高、节奏、节拍和长短等概念的认知。该课程发展学生艺术才能,提高艺术素养,适应小学生及学校特色发展需要,对培养学生树立热爱民族器乐的感情、促进民族器乐的普及与发展具有重要作用。

适合对象:三年级全体学生。

二、课程目标

1. 学习葫芦丝的起源、结构和音色特点。
2. 规范学习葫芦丝的演奏姿势、乐器保养等基础知识。
3. 结合乐理知识,学习筒音指法、经典传统乐曲,让孩子们喜爱葫芦丝,爱吹葫芦丝。

三、课程内容

本课程以"认识葫芦丝、学会吹奏葫芦丝的方法、吹奏简单练习曲"为主题，具体分为三个模块。

（一）葫芦丝基本知识

1. 葫芦丝的历史起源

葫芦丝发源于云南德宏州梁河县，主要流行于傣、阿昌、佤、德昂和布朗等族聚居的云南德宏、临沧地区，富有浓郁的地方色彩。傣族民间流传着这样一个美丽动人的传说：很久以前，一次山洪暴发，一位傣家小伙子抱起一个大葫芦，闯过惊涛骇浪，救出自己的心上人。他忠贞不渝的爱情感动了佛祖，佛祖给葫芦装上了管子，小伙子吹出了美妙的乐声，顿时风平浪静，鲜花盛开，孔雀开屏，祝愿这对情侣吉祥幸福。从此葫芦丝在傣族人家传承下来，并世代相传。

2. 葫芦丝的结构特点

葫芦丝外观古朴、典雅，形状和构造别具一格，由一个完整的天然葫芦、三根竹管、三枚金属簧片做成。

3. 葫芦丝的音色特点

"轻、飘、柔"是葫芦丝最独特的音色特点。

（二）葫芦丝的基本使用方法

1. 吹奏葫芦丝的规范手型

左手上右手下，掌心握着大苹果。

2. 吹奏葫芦丝的规范嘴型

吹嘴一半放嘴唇，嘴巴微笑真好看。

3. 吹奏葫芦丝的规范姿势

站姿：头仰上直脚分开，自然放松最标准。

坐姿：双脚分立放两遍，一前一后稳当当！

4. 吹奏葫芦丝的规范换气

吹嘴贴上唇，下唇自然张开。

5. 葫芦丝的基本保养知识

《学习葫芦丝顺口溜》

葫芦丝,真可爱! 好吹好听又好带。

想它一直陪伴你,小心使用不损坏。

轻拿轻放不乱甩,吹完倒挂不乱摆。

优美曲子天天练,身心舒畅乐开怀!

6. 如何选择葫芦丝

根据手指发育特点,建议儿童初学选择C调,成人初学选择降B调。

(三) 筒音指法和练习曲

第一单元《玛丽有只小羊羔》(两课时)

1. 学习筒音"3"、"2"、"1"。

2. 乐理知识一:(1)"T"是单吐音记号,表示此音要吐奏,用"tu"来发音;(2)"V"是换气记号,遇见"V"是要张嘴换气。

第二单元《唐老伯有个小农场》(两课时)

1. 学习筒音"7"、"6"、"5"。

2. 乐理知识二:(1)小节、小节线、终止线;(2)连音线。

第三单元《龙的传人》(两课时)

1. 复习筒音"3"、"2"、"1"、"7"、"6"、"5"。

2. 乐理知识三:全音符　四拍　5 - - -。

第四单元《葫芦丝真可爱》(两课时)

1. 学习筒音"5"。

2. 乐理知识四:二分音符　两拍　5 -。

第五单元《金孔雀轻轻跳》、《我和你》(两课时)

1. 学习筒音"6"。

2. 乐理知识五:四分音符　一拍　5。

第六单元《小星星》、《生日歌》(两课时)

1. 学习筒音"4"。

2. 乐理知识六:八音符　半拍　5。

第七单元《美丽下沙有你真好》(两课时)

1. 指法复习。
2. 乐理知识七：十六分音符　四分之一拍　5。

（四）课程实施

本课程共十六课时，老师和学生需准备 C 调葫芦丝。具体实施如下。

1. 直观教学

介绍学生阅读有关乐器的理论、技术书籍。让学生收集资料，课堂上进行分享。欣赏有关音像资料，观摩中国乐器演奏会，让学生学会欣赏音乐之美。教师出示葫芦丝图片，让学生观察其外形、开孔的次序、竹管的根数和大小等，在观察中了解乐器的构造。

2. 示范教学

教学过程中，教师示范吹奏《玛丽有只小羊羔》，通过老师的示范让学生掌握正确的指法，演奏出美妙的音乐。教师示范吹奏《金孔雀轻轻跳》《我和你》，学生通过聆听、对比、判断，掌握最适合的音量，吹奏最柔美的乐音。

3. 搭建平台，打造校园明星

教学过程中定期开展"师徒晋级挑战活动"，每位学生吹奏一首曲子，根据吹奏的水平，教师评定出师傅，由优秀的学生师傅对其他学生进行辅导。在以后的复习课中师傅教师徒，让学生获得自豪感，促进学生的成长。每个学期搭建平台，让每位孩子参加各类有益的艺术比赛和"红棉花季"系列课程展演活动，激发学生的学习兴趣，培养学生的荣誉感。

4. 成果检测

在每个学期末，让每个学生吹奏一曲作品，可以个人吹奏，也可以小组合作的形式开展。通过这样的考核方式，检验学生的学习成果，培养学生团结协作的精神。吹奏水平最好的同学，可以代表本班参加"红棉花季"系列课程展示活动，促进学生的学习兴趣，进一步确立新的学习目标。

五、课程评价

本课程以鼓励、激励性为主,不以学业质量为评价准绳和前提。课程注重学生兴趣、爱好提升和特长发展,推动并实现学校文化育人的目的,引导学生个性化发展,提高学生的艺术兴趣和艺术修养。

(一)点赞式评价

通过课堂葫芦点赞形式,对学生的学习态度、参与意识、掌握基本技能进行评价,评选出"我是最棒的葫芦娃",分为自我评价、小组评价、教师评价三种形式。对记录学生的上课学习态度、是否主动积极、是否遵守课堂纪律、是否能与他人合作、能否按照要求完成练习等学习效果中获取评价的信息。集葫芦评价标准:一个为一般;两个为良好;三个为优秀。具体评价内容如下(见表4-6):

表4-6 "我是最棒的葫芦娃"评价表

第_____节　　　　学生姓名:_____　　　　老师:_____

序	具体内容	自评	小组评	教师评
1	上课学习态度	🍐🍐🍐	🍐🍐🍐	🍐🍐🍐
2	上课学习主动积极	🍐🍐🍐	🍐🍐🍐	🍐🍐🍐
3	上课合作学习	🍐🍐🍐	🍐🍐🍐	🍐🍐🍐
4	正确吹奏姿势	🍐🍐🍐	🍐🍐🍐	🍐🍐🍐
5	基本手型	🍐🍐🍐	🍐🍐🍐	🍐🍐🍐
6	基本嘴型	🍐🍐🍐	🍐🍐🍐	🍐🍐🍐
7	掌握正确的音准与节奏	🍐🍐🍐	🍐🍐🍐	🍐🍐🍐
8	完成合奏项目	🍐🍐🍐	🍐🍐🍐	🍐🍐🍐
9	能按照要求完成练习	🍐🍐🍐	🍐🍐🍐	🍐🍐🍐

（二）赛事评价

举行葫芦丝比赛，给学生充分展示的舞台，可以个人参赛，也可以团队参赛。通过比赛，让学生感受到团结协作的精神，能够积极主动练习葫芦丝。最后根据比赛的结果，颁发奖状。评分标准如下（见表4-7）：

表4-7 "校园葫芦丝"比赛评分标准

标准	曲目	吹奏准确	节奏统一	有表现力	形式多样	着装整齐
分值		25分	25分	20分	20分	10分

（撰稿人　邹韶华）

第五章 好科学：培养我们的创造力

玛丽·库克曾说："创造力就是发明、做实验、成长、冒险、破坏规则、犯错误以及娱乐。""好科学"系列课程，正给予了孩子们这样一种"发明、做实验"的机会。课程通过引导学生探究和实践，帮助学生建立科学的思维方式，学会用科学的方法观察世界，具备探究科学的能力，最终用科学改变自己的学习与生活。

玛丽·库克曾说:"创造力就是发明、做实验、成长、冒险、破坏规则、犯错误以及娱乐。"而科学,正给予了孩子们这样一种"发明、做实验"的机会,在实践之中培养孩子的创造力。孩子自小自发形成的对周围世界的看法,经常是不符合科学原理的。因此,更需要及早地对他们进行科学教育,培养他们的创造性思维和科学创造力,提升科学素养。

我校"好科学"系列课程的理念是"通过探究式学习,激发孩子好奇心和求知欲,培养孩子创造力"。"科学创造力"是根据创造力提出的一个崭新的概念,它是一种特殊的能力,是一般创造力发展与科学教育的结晶。发展心理学家告诉我们,创造力培养的关键就在儿童期,特别在14岁左右达到顶峰。基于孩子们的发展规律,结合我校的"红棉花季"系列课程,我校针对性地开设多项科学探究课程,在一年级开设"百变小达人"、"小小观察员"课程;二年级开设"百变小达人"、"巧手树叶书签"课程;三年级开设"种植小能手"、"小小饲养员"、"红棉花的礼物"、"走进鸟类世界"课程;四年级开设"小小气象员"、"红棉花的礼物"、"走进鸟类世界"课程;五年级开设"小发明家"、"环境调查"、"观星小组"课程,六年级开设"小发明家"、"红棉实验家"课程,旨在引导学生进行思考,帮助学生建立科学的思维方式,通过科学的手段逐步培养孩子科学创造力和良好的科学素养。以我校在三四年级开设的"红棉花的礼物""走进鸟类世界"课程为例,学生通过科学考察、小组探究、动手实践,身体力行,在实践中感受快乐,习得知识,培养动手能力和创造力。具体实施方法如下:

一、课堂教学打基础

苏步青曾说:"扎扎实实地打好基础,练好基本功,我认为这是学好数学的'秘诀'",科学的学习和创造力的培养也同样需要扎实的基础。在课程之初,教师通过多种形式,引导孩子掌握课程所需的基础知识。如在课程"红棉花的礼物"中,教师通过网络、图书等方式,引导孩子查找红棉的相关资料,了解木棉花的价值。在"走进鸟类世界"中,教师课前布置孩子阅读图鉴前面内容,了解什么是观鸟活动,以及观鸟需要做的准备,描述鸟类的常用名词,如留鸟、冬候鸟、夏候鸟、过境鸟等。课上教师利用视频资源和课件进行授课,让孩子深入认识广州地区的留鸟、候鸟及过境鸟。

二、自主探究促思考

"在科学上最好的助手是自己的头脑,而不是别的东西。"在培养创造力的路上,思考也是不可或缺的一部分。缺失思考,我们无从谈创新,更无从说创造了。在"走进鸟类世界"与"红棉花的礼物"课程中,我们非常注重培养孩子自主探究意识和能力。有句话说"尽信书不如不信书",孩子在习得课本知识后,还应该要有自己的思考,"思则得之,不思则不得"。孩子通过自己查找资料,思考各种鸟类的异同,思考红棉花制作的方法以及各种方法的优劣,提出疑问,寻求解决办法,逐渐培养探究学习和自主思考的能力。在"红棉花的礼物"中,教师一步步引导孩子进行自主思考,由思考红棉花的价值有哪些到探索如何制作红棉花,再到思考、探究哪种方式制作出来的红棉花更好,相互之间有什么区别。这既能促进孩子思考,又能激发孩子主动学习的欲望。从"要我学"变为"我要学",从浅尝辄止到积极探索,孩子的主动性大大提高,探索欲望大大提升。这不仅对他们现在的学习有极大的帮助,对他们之后的人生来说,也是受益无穷的。

三、动手实践得真知

创造力的培养离不开实践。实践是检验真理的唯一标准,孩子通过自己的实践,才能更深刻地了解知识,理解知识,探究世界。毕竟"纸上得来终觉浅,绝知此事要躬行",孩子在经过自主思考后所产生的疑问,需要实践去检验。此外,现在社会需要的也绝不是"纸上谈兵"的人,而是具有实际操作能力的人才。为此,我校在开设"红棉花季"系列课程时,尤为注意孩子实践能力的培养。在"红棉花的礼物"课程中,孩子自主搜集资料,通过多种方法动手试做红棉花,并从中进行比较,不仅提高了动手能力,也有了更多的尝试和发挥的空间,有利于培养科学创造力。在"走进鸟类世界"课程中,孩子自主观察、记录,运用工具和自身的多种感官,结合课本知识进行进一步学习,其所得远在课堂之上。如儿童教育家陈鹤琴先生所说:"儿童本性中潜藏着创造的欲望,只要我们在教育中注意诱导,并放手让儿童实践探索,就会培养出创造能力,使儿童最终成为出类拔萃的符合时代要求的人才。"在实践探索的过程中,用科学研究的方式进行引导,不仅讲解了知识,让学习充满乐趣,还能有着科学的生活体验,培养出属于孩子自己的科学品质和创造力。

同时,在实践的过程中还培养了孩子们良好的观察力。美国哲学家库恩曾说:"看一张等高线地图,孩子看到的是纸上的线条,制图学家看到的是一张地形图……只有在许多这样的视觉转换以后,孩子才能成为科学家世界的一个公民。"要想获得这样的"公民"身份,孩子在观察时,就要学习如何充分利用已有的知识经验,尽可能多地运用视觉、听觉、嗅觉等多种感官,增强自己观察的广度和深度。通过这些,去探寻事物的本质。学校将这种科学的观察引入课程学习,让孩子在观察各种鸟类,观察木棉花的过程中,充分调动其各个感官。孩子在熟知课本知识的基础上,借助工具进一步学习,通过自己的观察得出结论,习得知识与技能,培养良好的观察能力,为之后科学创造力的培养打下基础。

林肯·斯蒂芬斯曾说:"没有已经完成的事情。世界上的一切事情都有待完成。最美丽的画儿还没画,最伟大的剧本还没写,最优美的诗歌还未创作。世界上还没有完美的铁路、最好的政府和完善的法律。物理学、数学和最顶尖的科学还在雏形阶段。心理学、经济学和社会学正在酝酿下一个达尔文,而他的任务是在等待下一个爱因斯坦。"每个孩子都有自己的科学梦想,而只有正确引导才能实现孩子的梦想。我校的"红棉花季"系列课程,着力培养孩子的科学创造力。通过"红棉花的礼物""走进鸟类世界"等科学探究课程,学生除了一般知识的习得,还能得到思维能力、科学创造力和科学品质的培养。这些不仅在科学学习中发挥着作用,在其他学科中也有着重要的影响,甚至是孩子未来在社会中的立身之本,也是科学梦实现的一块基石。愿每一个孩子都能实现自己的科学梦,愿每一朵"红棉"阳光向上,健康成长。

(撰稿人　曾婉玲)

课程
5-1

走进鸟类世界

一、课程背景

鸟是自然环境的捍卫者,是人类的好朋友。研究鸟类,可以帮助人们认识鸟类对人类、对自然环境的贡献,进而正确对待鸟类。我校的生态环境良好,校园内大型乔木多,吸引了鸟儿在园内筑巢。结合自然学科教学,借助校内资源,我们选取了鸟儿作为打开孩子科学研究精神的一扇大门,开设"走进鸟类世界"校本课程,让三四年级的孩子在认识鸟类、观察鸟类的同时,学会保护生态环境的平衡,并在学习过程中愉悦身心。

本课程的理念:我为鸟儿忙。鸟类是目前存在于自然界中较容易为人类所接近的一类动物。其种类繁多,大多有矫健轻盈的体态,鲜艳绚丽的羽毛,婉转悦耳的鸣声,并且与人类的关系密切。"走进鸟类世界"为学生提供一个系统了解鸟类的平台,让学生通过知识学习、自然观鸟走近鸟类;让学生学会用书籍、望远镜认识鸟类的形态、习性,感知鸟类的活泼可爱;让学生通过实践,养成良好的观察力和思考能力,具备终身保护自然的理念和习惯。

二、课程目标

1. 认识五十种鸟类,了解它们的外形特征、生活习性,并能辨认。

2. 在野外使用望远镜对鸟类的特征进行观察,在观察中能辨认出或能通过查阅工具书去判断鸟的种类。

3. 在野外鸟类观察活动中,欣赏鸟类漂亮的羽色,得到身心的愉悦,观察它们的行为,对它们有更多的了解。

三、课程内容

观鸟是一项实践活动。面对活泼好动、善于藏匿的小鸟,我们通过观察记住它的形态特征,准确判断鸟的种类、名称,将书本知识转化为实践能力。本课程以"积累鸟类知识,认识鸟类,欣赏鸟类"为主题,内容分为四个模块,包括广州地区留鸟、广州过境鸟、广州冬候鸟、中国特有鸟类及数量稀少鸟种。

(一)广州地区留鸟

留鸟是指长期栖居在生殖地域,不作周期性迁徙的鸟类。常年栖息在广州地区,不随季节变化而迁徙的留鸟有红耳鹎、白头鹎、鹊鸲、乌鸫等。

红耳鹎(学名:Pycnonotus jocosus),是鹎科、鹎属的鸟类。红耳鹎为小型鸟类,体长十七至二十一厘米。额至头顶黑色,头顶有耸立的黑色羽冠。眼下后方有一鲜红色斑,其下又有一白斑,外周围以黑色,在头部甚为醒目。上体褐色,尾黑褐色,外侧尾羽具白色端斑。下体白色尾下覆羽红色。颧纹黑色,胸侧有黑褐色横带。红耳鹎主要栖息于海拔一千五百米以下的低山和山脚丘陵地带的雨林、季雨林、常绿阔叶林等森林中,生性活泼,一天中多数时候都在乔木树冠层或灌丛中活动和觅食。

(二)广州过境鸟

过境鸟指候鸟在迁徙途中在某地区经过时停留歇息的鸟。每年春秋两季,都会有鸟儿从广州过境,飞往繁殖与越冬地,例如仙八色鸫、寿带、白眉姬鹟、黄眉姬鹟等。

仙八色鸫(学名:Pitta nympha)是一种中等体型的鸟类,体长约二十厘米。雄鸟前额至枕部深栗色,有黑色中央冠纹,眉纹淡黄,自额基有黑过眼并在后颈左右汇合;背、肩及内侧飞羽辉绿色;翼小覆羽、腰、尾上羽

辉蓝色尾羽黑色；飞羽黑色具白翼斑；颏黑褐、喉白，下体淡黄褐色，腹中及尾下覆羽朱红；嘴黑，脚黄褐色。雌鸟羽色似雄但较浅淡，虹膜褐色，嘴及脚偏黑。仙八色鸫的叫声是清晰的双音节哨音"kwah-he, kwa-wu"，较长较缓。栖息于平原至低山的次生阔叶林内，在灌木下的草丛间单独活动，以喙掘土觅食蚯蚓、蜈蚣及鳞翅目幼虫，也食鞘翅目等昆虫。五月下旬繁殖，每窝产卵五至七枚，雌雄轮流孵卵。分布于日本、朝鲜、中国东部和东南部，在婆罗洲越冬。中国约有一百至一千个繁殖对，以及五十至一千只迁徙个体。

（三）广州冬候鸟

冬候鸟指冬季在某地区越冬，翌年春天飞往繁殖地的鸟。每年来广州越冬的候鸟有乌灰鸫、灰背鸫等，具体有多少种类，还有待人们去发现。

乌灰鸫（学名：Turdus cardis），为鸫科鸫属的鸟类，俗名"日本灰鸫"。乌灰鸫分布于日本、前苏联、朝鲜、越南、老挝以及中国大陆的河南、湖北、安徽、贵州、湖南、四川、江苏、浙江、福建、云南、广西、广东、海南等地，多栖息于海拔五百至八百米的灌木丛和森林中。体小（约二十一厘米），雄雌异色。雄鸟，上体纯黑灰，头及上胸黑色，下体余部白色，腹部及两胁具黑色点斑。雌鸟，上体灰褐，下体白色，上胸具偏灰色的横斑，胸侧及两胁沾赤褐，胸及两侧具黑色点斑。幼鸟褐色较浓，下体多赤褐色。雌鸟与黑胸鸫的区别在腰灰色，黑色点斑延至腹部。

（四）中国特有鸟类及数量稀少鸟种

该鸟种只有在中国境内有少量野外种群，而且数量达到濒危等级，例如中华秋沙鸭、朱鹮、黑颈鹤、勺嘴鹬、黑脸琵鹭、白头硬尾鸭、中华凤头燕鸥等。

黑脸琵鹭（学名：Platalea minor），又名小琵鹭、黑面鹭、黑琵鹭、琵琶嘴鹭，俗称"饭匙鸟"、"黑面勺嘴"，台湾赏鸟人士则俗称为"黑琵"。因其扁平如汤匙状的长嘴，与中国乐器中的琵琶极为相似而得名。亦因其姿态优雅，又被称为"黑面天使"或"黑面舞者"，属于鹳形目、鹮科、琵鹭亚科。琵鹭亚科的鸟类全世界共六种，其中以黑面琵鹭数量最为稀少（已知六种琵鹭当中唯黑面琵鹭属濒危物种），属全球濒危物种类别之一。黑面琵鹭现时只活跃于东亚及东南亚地区，仅见于亚洲东部，其特征是全身羽毛大体上为白色，有黑嘴和黑色腿、脚，前额、眼线、眼周至嘴基的裸皮均为黑色，形成鲜明的"黑脸"。

四、课程实施

本课程共三十课时，学生需要准备望远镜、鸟类图鉴，提前了解相关的鸟类知识，教师准备外出观鸟活动方案、课程考核课件。具体实施方法如下：

（一）从"零"开始观鸟

课前布置学生阅读图鉴内容，了解什么是观鸟活动以及观鸟需要做的准备，知道描述鸟类的常用名词，如留鸟、冬候鸟、夏候鸟、过境鸟、迷鸟、幼鸟、亚成鸟、成鸟、夏羽、冬羽、繁殖羽、非繁殖羽、饰羽、冠羽、冠、游禽、涉禽、陆禽、猛禽、攀禽、鸣禽、夜行性、繁殖期、栖息地等。课上老师利用视频资源和课件进行授课，让学生认识广州地区留鸟、候鸟及过境鸟。每次培训约介绍十种鸟，了解每一种鸟的外形特征，正确地书写其名称，课后回家补充其英文名，下一次上课前进行检查。

（二）观鸟前实操

课前布置学生购买8×2的屋脊型非虹膜望远镜和《中国鸟类图鉴》。

上课当天,教师讲解望远镜知识和使用注意事项,以及查阅《中国鸟类图鉴》的方法,再到操场进行实践,回家后练习使用。

(三)观鸟实践

指导教师根据当季鸟类活动情况,选择合适的地点,每学期组织学生开展一至两天的远程观鸟实践。

活动前,介绍本次活动要求和注意事项。要求学生活动时带上望远镜、图鉴、笔记本与笔,积极做好笔记。学生需带上合格的望远镜(招募学生后及时与家长沟通,让家长在课程开展前就购买好专业的观鸟望远镜),否则会因为不清晰的望远镜,导致外出观鸟活动失败,从而兴趣大减。

活动时,指导学生掌握在野外复杂条件下观察、辨别鸟种的方法、掌握使用各种设备的技巧等。教会学生先用眼睛看或耳朵听,观察是否有鸟,然后裸眼看树上动的地方或树上站立的鸟儿,之后用望远镜找到并细致观察它的外形特征,与老师介绍过的鸟种进行对比,判断是否是已知的鸟类。如果不是就查找鸟类图鉴,从书中找出来,从而记下该鸟名称。

活动结束,进行小结。回家后整理好当天所观察的鸟类的英文名,下次课前进行检查,并进行观鸟心得交流、鸟种资源调查、征文比赛等丰富多彩的活动,评比出当天观察最认真的孩子。

(四)认鸟我能行

把这一学期认识过的和野外观察过的鸟种做成课件,检测学生对鸟类知识的掌握程度。第一部分是看图认鸟,每一张幻灯片上一种鸟的照片,给出三个鸟种名称,让学生选择正确的选项,填写在答题卡上;第二部分是出示鸟种图片,要求学生根据图片正确书写该鸟种名称。通过检测,了解学生学习情况。

五、课程评价

本课程评价尊重个体差异,以学生为主体,注重过程性评价,通过测试性评价和过程性评价检查学生知识习得情况和活动过程中的表现情况。具体评价方式如下：

（一）测试性评价

1. 在课程学习过程中，教师分三期将课堂学习的和野外观察的鸟种做成课件，通过看图认鸟检测学生对鸟类知识的掌握程度。测试分选择题和填空题，首先让学生根据鸟的照片，在给出三个鸟种名称中选择正确的选项，填写在答题卡上；其次根据鸟的图片，正确书写该鸟种名称。

2. 在课程结束前，教师将本学期的鸟类知识、观鸟知识进行一次总检测。测试方式与日常检测一样。团队成员中分数最高的前五名学生将在"观鸟小达人"评选中的"顺利通过认鸟考核（课件）"这一项的自评、小组评和老师评中各获三个赞。

（二）过程性评价

本课程在评价方式上要求做到检测性评价与过程性评价相结合，自评、小组评与师评相结合。教师根据学生在课程学习过程中的表现进行反馈与总结：一是学习过程的表达交流，包括收集与整理资料、自信展现自己等；二是课程活动中的参与效果，它包括按照学习要求完成相应的内容，团队活动中的合作分享；三是在团队中是否积极参与。具体操作通过集赞的方式进行，获得一赞为一般，两个赞为表现较好，三个赞为优秀。具体评价如下（见表 5-1）：

表 5-1 观鸟小达人

具体项目	自评	小组评	老师评
我已认识常见的鸟种	👍👍👍	👍👍👍	👍👍👍
我能正确书写所认鸟种	👍👍👍	👍👍👍	👍👍👍
我能在外出活动中利用工具书辨认所看到的鸟类	👍👍👍	👍👍👍	👍👍👍
顺利通过认鸟考核（课件）	👍👍👍	👍👍👍	👍👍👍
积极参与每次活动	👍👍👍	👍👍👍	👍👍👍

续表

具体项目	自评	小组评	老师评
在野外我能快速发现鸟	👍👍👍	👍👍👍	👍👍👍
在野外我能通过望远镜观察到小鸟的特征并判断是什么鸟	👍👍👍	👍👍👍	👍👍👍

（撰稿人　赖喜梅　宋丽斌）

课程 5-2 红棉花的礼物

一、课程背景

红棉花是广州市花,又称英雄花,是广州人的精神象征,在广州人的心中有着其他植物难以比及的地位。同时,红棉也具有极高的药用价值和使用价值。我校有两棵三百多年历史的挺拔的红棉树。从建校初起,每逢春日,红棉花开,便有附近的村民前来捡拾红棉花,拿回晒干,煲汤入药。可以说,这两株红棉,早已和下沙人血脉相连。下沙社区人在红棉花下生活,下沙学子在红棉花下成长。红棉"阳光、向上、挺拔、独立"的形象,深入家长、学生、老师的心。基于此,学校开设课程"红棉花的礼物",指导三四年级的孩子认识木棉,制作红棉花干。

本课理念:知红棉,用红棉,学红棉。学生通过学习知道红棉花的药用价值,知道红棉花的象征意义。通过亲身采集、制作干木棉花,掌握科学的制作方法和流程,增强观察能力和实际操作的能力;在实践过程中,懂得珍惜资源、爱护环境,常怀一颗对大自然的感恩之心。

二、课程目标

1. 认识木棉,了解红棉花的药用价值。
2. 学会制作红棉花干,培养动手、动脑和科学探究的意识和能力。
3. 增强珍惜资源、爱护环境的环保意识。

三、课程内容

本课程以"认识红棉,科学制作红棉花干"为主题,内容分为以下三个模块。

(一) 红棉的价值

红棉即是我们常说的木棉。木棉是一种集观赏、经济、药用价值于一身的植物。认识木棉,懂得它的价值,才能科学合理使用它,用它造福人类,改善人类的生活环境。其价值包括:第一,木棉花是一种美丽的观赏花卉,它在春季长叶开花,花大色红,艳丽悦目。那艳丽的花朵,染红了半边天际,是庭院绿化和美化的高级树种;第二,木棉的经济价值较高。纤维无拈曲,虽不能纺细纱,但柔软纤细,弹性好,耐压,适宜做座垫和枕芯。木棉的木质松软,可制作包装箱板、火柴梗、木舟、桶盆等,还是造纸的原料;第三,木棉的花、皮、根均有药用价值。木棉花,有清热利尿、解毒祛暑和止血的功效。木棉皮,有清热、利尿、活血、消肿、解毒等功效,对慢性胃炎、胃溃疡、腹泻、痢疾等有显著疗效。外用木棉皮可治腿膝疼痛、疮肿、跌打损伤等。

(二) 干花制作方法

干花制作的方法决定了红棉花干花成品的质量。了解干花制作的方法,是实践的开始。干花制作的方法有很多,在各种干花制作的方法中,根据课程目标以及可食用木棉花的要求,优选适合的制作方法。制作方法包括:第一,自然风干法。不需要任何机器,仅靠自然法则就能完成。避开梅雨天气,尽量将鲜花倒挂在干燥的空间,也要避免阳光直射;第二,书压风干法。这种方法,在我们小时候的课本里基本都有试过,也是制作植物标本的常用方法。常用工具有硬纸板、比较厚的书本和杂志;第三,加热风干法。基本原理与书本压花相似,只是时间上更快捷,比如使用微波炉、烤箱等;第四,干燥剂压花法。任何可以吸水的物质都可以当做干燥剂。硅胶最适合用于娇贵且颜色鲜艳的花朵。除此之外,还可以使用黏土猫砂,或者等量的硼砂和玉米粉混合制成的干燥剂。将干燥剂慢慢地倒在花上,直到将花儿们全部淹没。

(三) 红棉花制作

因为木棉花开花是自然现象,花开花落的数量不由人的因素决定。同时,还受到春季天气(阴天、雨天、晴天)的影响。这些都决定了我们需

要灵活处理,用不同的方式制作干花,解决鲜花存放、鲜花腐败的问题。制作方法有:

方法一:收集鲜花——串成串——放入干衣机烘干——太阳下暴晒——放软——包装入盒;

方法二:收集鲜花——串成串——焯水——放入干衣机烘干——太阳下暴晒——放软——包装入盒;

方法三:收集鲜花——串成串——太阳下晒——放软——包装入盒;

方法四:收集鲜花——放入微电脑烘焙机烘干——放软——包装入盒;

方法五:收集鲜花——焯水——微电脑烘焙机烘干——放软——包装入盒。

四、课程实施

本课程共二十课时,需要学生搜集木棉花价值的信息、干花制作的方法和流程。教师准备干花制作的工具和材料、包装的工具和材料,制定干花制作对比研究方案。具体实施方法如下。

(一)红棉寻踪记

通过网络、图书及实物观察等方式查找红棉的相关资料,了解木棉花的价值,收集干花制作的方法,进行信息整理。小组相互交流,整理出干花制作流程,以此培养学生自主探究能力。

(二)红棉集结号

收集学校的红棉花,根据鲜花的完整情况进行分类处理。准备好晾晒用的棉线、锥子、架子、烘焙机器、场地、包装盒等物品。

(三)红棉变身记

小组合作,动手实践,尝试用多种方法制作红棉干花。通过记录数据,对比、分析出各种方法制作出的红棉干花的优劣,得出制作红棉干花的最好方法,培养学生动手实践、科学分析的能力。

方法一：焯水后的木棉花和没焯水的鲜花同时放进烘焙机里进行烘干。一共用四个小时就可以脱干木棉花的水分，前三小时把温度调到一百五十摄氏度，第四个小时调到一百三十摄氏度。在烘干的过程中能闻到甜甜的焦糖香味，这是木棉花里的蜜汁在高温作用下发出的甜香味，同时筛网上面留下了很多黑色的焦糖痕迹。

方法二：用焯水后的木棉花和没焯水的鲜花，把它们串成串同时放进干衣机里烘干。用二十四小时才勉强将木棉花烘干，干衣机最高温度只可达到七十摄氏度左右。干花没有在烘焙机烘烤的香味重，但色泽特别比烘焙出来的好看。此外还要放到太阳底下继续曝晒以增加干花的干燥程度。

方法三：焯水的和没焯水的木棉花放到太阳底下直接晒干，焯水的木棉花晒了三天才干，而没焯水的用了五天才晒干。焯水后的木棉花容易晒干，而且在晒的过程中不容易发霉，没焯水的木棉花晒了很长时间才干，且会发霉。

（四）红棉花赠礼

在校内搭建红棉展台，展示红棉花干制作流程的相关图片及实物成果，让更多学生了解到红棉花从鲜花变成干花的制作过程。将红棉花干成品赠送给部分在校师生，让学生学会分享与感恩，深化学校文化的价值观——合作、信任、感恩。

五、课程评价

课程注重学生在学习过程中积极参与，与他人合作，形成主动探究的意识，增强动手能力，获得成功体验。在评价上，注重以学生为主体，关注过程，突出评价的激励作用。

根据活动内容，课程分单元设计评价方式，鼓励学生学习课程知识，积极参与实践活动。通过自己、组员、老师三方评价，计算出学生在课程学习中获得的成绩和红棉花数量，并以此评选出课程优秀学员，授予"红棉使者"称号，成为下一届的"红棉花的礼物"课程小老师，协助老师授

课,开展活动。具体的评价指标和形式如下(见表 5-2、5-3、5-4):

表 5-2 "红棉使者"评价表一

参评人:_____   参评日期:_____

我真棒: ●●●   我还行: ●●○   我要加油: ●○○

每获得三颗红棉种子,你就能获得一朵红棉花!算一算,你获得了(　　)朵红棉花?

单元一评价内容	自评	小组评	教师评
课堂态度认真			
掌握木棉知识			
主动查找资料			
大胆发言交流			
积极收集木棉			

表 5-3 "红棉使者"评价表二

单元二评价内容	自评	小组评	教师评
课堂态度认真			
主动查找资料			
积极思考问题			
积极参与制作			
具有合作精神			
制成红棉花干花			

表 5-4 "红棉使者"评价表三

单元二评价内容	自评	小组评	教师评
课堂态度认真			
主动查找资料			
积极思考问题			
积极参与展示			
具有合作精神			
与人分享礼物			
作品具有创意			

(撰稿人　宋丽斌　曾婉玲)

第六章

好思维：激活我们的灵感

托尔斯泰说过:"知识,只有当它靠积极的思维得来,而不是凭记忆得来的时候,才是真正的知识。"思维是人用头脑进行逻辑推导的过程。只有勤于思考、善于思考,才能拥有良好的思维品质。数学是思维培养的重要载体,学好数学、用好数学有助于培养良好的思维方式与思维习惯,为建立儿童的"好思维"打下坚实的基础。

数学是思维的产物。数学课程的思维价值主要体现在两个方面：一是数学课程是训练思维、培养抽象思维能力的重要途径。数学是思维创造的结果，也是思维训练的重要素材。数学思维主要是一种抽象思维，在数学课程的学习过程中，抽象思维不断得到训练和培养，逻辑推理和合情推理能力不断得到加强和提高，良好的思维品质被塑造；二是数学课程教育是培养人的创造性的有效活动。学生在数学课程的活动中，在一定程度上是再创造的过程，每个人都是在学习过程中，根据自己原有的知识经验和活动经验，用自己的思维方式，重新创造有关的学习内容。通过"从具体现象抽象出事物的本质"、"将一般结论应用到具体情形"等数学再创造活动，学生的创新思维得到培养，实践能力得到提高。

我校"好思维"系列课程的理念是"人人都能获得良好的思维教育，不同的人在思维上得到不同的发展"。思维是人和动物的根本区别之一，是人的重要本质所在。思维教育，是指为了使人的思维能力、思维品质、思维方法等达到一定水平，能够分析和解决问题，而有组织、有计划地实施系统的思维培养和训练的活动。良好的思维教育并不是单纯地使学生掌握更多的知识或练就高超的解题技能，良好的思维教育是让学生学会运用数学思维进行思考、养成良好的思维习惯，从而为学生未来的生活与学习打下坚实的基础。每个孩子都有各自的生活背景和家庭环境，这导致了不同的人有着不同的思维方式、不同的兴趣爱好、不同的发展潜能，使得每个人的学习能力和思维能力客观地存在个体差异。所以良好的思维教育理应客观地对待人的差异性，使所有学生在获得共同的思维教育的同时，让更多的学生有机会接触、了解乃至深入研究自己所感兴趣的问题，最大限度地满足每一个学生的需要，为有特殊数学才能和爱好的学生提供更多的学习和发展的机会。

我校的数学课程是为建立儿童的"好思维"服务的,围绕小学数学核心素养的十个关键词即数感、符号意识、空间观念、几何直观、数学分析观念、运算能力、推理能力、模型思想、应用意识和创新意识,分为"数学游戏"课程、"红棉理财"课程、"口算大师课程和解题能手"课程,从不同角度训练学生的逻辑思维、抽象思维、形象思维和创造思维,培养学生良好的思维方式与思维习惯。根据不同年龄段学生的认知规律和心理特征,"好思维"系列课程下的四大模块课程又细分为每个年级都有的课程,例如"数学游戏"课程从一到六年级分别设置了"几何拼贴画"、"七巧板大比拼"、"巧移火柴棒"、"巧算24点"、"趣味数独"和"百变魔尺"课程,"红棉理财"课程从一到六年级分别设置了"挣钱小能手"、"小小购物员"、"投标小能手"、"小小预算师"、"外汇兑换师"和"小小理财师"理财课程,"口算大师"课程和"解题能手"课程也是根据各年级的教材以及学生的特点设置了从1.0到6.0的进阶课程。如此多样和有层次的课程内容不仅反映了数学的特点,也符合学生的认知规律和心理特征,贴近学生的生活实际,也体现了"好思维"系列课程的理念,即"人人都能获得良好的思维教育,不同的人在思维上得到不同的发展"。

考虑到小学生以形象思维为主,所以在课程内容的组织方面遵循重视过程、重视直观和重视直接经验的原则,注意课程内容呈现的层次性和多样化,有助于学生积极、主动地参与整个学习过程,从而达到"好思维"系列课程的培养目标。因此,"好思维"系列课程的具体实施方法如下:

(一)课堂学习

课堂是学生掌握必备的基础知识和基本技能,培养思维能力与思维习惯的重要阵地。课堂学习要围绕课程的内容与目标来展开,教师在课堂教学中充当学生学习的组织者、引导者与合作者,引导学生独立思考、主动探索、合作交流,使学生理解和掌握基本的数学知识与技能,获得基本的数学活动经验,体会和运用数学思想与方法,发展思维能力,培养良好的学习与思维习惯,为后续的课程活动开展做好准备。

（二）小组学习

由于学生所处的家庭背景和自身思维方式的不同,学生的学习活动应当是一个生动活泼、主动的和富有个性的过程,这就需要充分发挥小组学习的作用。在课堂学习了必备课程内容以及教师的引导下,学生可利用课余时间分小组进行自主探索、动手实践、合作交流,这样学生会有更多的机会倾听、交流、分享自己和他人的想法,在释疑解惑中碰撞思路、启迪思维、促进思考,直至豁然开朗。教师定期检查学生的小组学习情况,并给学生一个平台去展示小组学习的成果,这促使每个学生都动起来,学生在这个过程中敢想、敢说、敢参与,思维的广度得以打开,思维的深度得以发展。

（三）赛事学习

赛事学习可以更好地检测学生对课程内容的掌握情况,促进学生学习的积极性,也为有特殊数学才能和爱好的学生提供更多的学习机会以及更好的展示平台。我校每学年上学期都开展各年级的"解题能手"比赛,下学期开展"口算大师"比赛,各年级的"数学游戏"课程和"红棉理财"课程都有相应的赛事活动,每个孩子都有机会展示自己,不同孩子都能得到不同的发展,这也体现了"好思维"系列课程的理念。

（四）实践学习

动手实践是探索新知和获取直接经验的基本手段,我们不仅强调学生在学习的每个环节中要多动手实践,更加强调让学生亲身经历将实际问题抽象成数学模型并进行解释与应用的过程。例如"红棉理财"课程的内容与我们的生活密切联系,所以围绕"理财,从我做起"的课程理念,各年级的理财课程都设置了很多社会实践的学习活动,如去银行了解并模拟银行各部门人员的工作、去商场实地了解各种商品的价格来设计预算方案等等,让学生切实地在做中学、在做中悟。

我校的"好思维"系列课程在经历了多年的实践与调整下,现在已形成了系统的课程架构,各个课程的开展也顺利进行,给每个学生提供了更多的学习机会与展示平台,深受学生与家长的欢迎。我校每学年的第一学期还会举行"数学周"活动,目的是搭建一个更大的平台给学生展示"好思维"系列课程的学习成果。同时全体数学教师也在"好思维"系列课程的开发与实践中得到了成长,提高了研读教材、开发生活素材与实施校本课程的能力。

　　爱迪生说过:"天才是百分之一的灵感加上百分之九十九的汗水。"其实,无论是灵感还是汗水,都离不开良好的思维品质。思维造就思路,思路决定出路。思路不对,智商再高、汗水再多也是徒劳。而良好思维品质的培养应该从娃娃抓起,在为人生奠基的六年小学生涯中,应该多角度全方面地培养孩子良好的思维方式与思维习惯,为建立儿童的"好思维"打下坚实的基础。

(撰稿人　陈千惠)

课程 6-1

百变魔尺

一、课程背景

魔尺在80年代初叫做"魔棍",是高智能的智力玩具,可随意变化,自由组合。单个魔尺可以变一百多种精美图案,有天上飞的小鸟、地上跑的长颈鹿、水里游的小鸭子、地面爬的小乌龟,还可以变成鸵鸟、篮子、小球、红十字、小蛇等。两个以上魔尺可以组装成更复杂的图案。百变魔尺的特点是:速度快、变化多,挑战智力,挑战速度,锻炼耐心。

因此,开展与魔尺相关的数学游戏课程,既符合六年级学生的认知水平与心理特征,又能给学生创设快乐的教学情境,变"厌学"为"好学",变"苦学"为"乐学",变"要我学"为"我要学",在学中求乐,在乐中求知,在玩中求活,激发学生的学习兴趣,充分调动学生的积极性,让学生积极参与创造性的数学游戏活动,并从中感受到玩数学游戏的快乐。

本课程的理念是:数学好玩,玩好数学。本课程旨在让学生用魔尺拧出不同图形的过程中,开发学生的想象力、创造力和观察力,培养空间思维能力,提高动手动脑的能力,激发学习数学的兴趣。

适合对象:六年级学生。

二、课程目标

1. 能熟练拧出十个阿拉伯数字、二十六个英文字母和十五个常见魔尺图,对喜欢的图形能主动探索其魔尺拧法。
2. 激发玩魔尺的兴趣,提高自主探究的能力,增强空间思维能力。

三、课程内容

本课程以"主动地学习和探究各种魔尺图形的拧法"为主题,内容分为四个模块。

(一)数字与字母主题

"0—9"十个阿拉伯数字与二十六个英文字母都可以用魔尺拧出而且比较简单,作为玩魔尺的入门内容,学生比较容易上手,拧魔尺的速度也能迅速提升,有助于增强学生玩好魔尺的信心。

(二)几何图形主题

小学阶段要学习的一些几何图形也可以用魔尺拧出来,如三角形、长方形、正方形、梯形、平行四边形、正六边形、球体等。在用魔尺拧出这些几何图形的过程中,同时回顾了这些几何图形的特点。

(三)动物主题

孩子们都有自己喜欢的动物,很多动物都能用魔尺拧出来,例如小狗、长颈鹿、蛇、老鼠、骆驼等。本模块内容需要学生对拧魔尺达到一定的熟练程度以及掌握方法后,发挥想象力用魔尺创造出各种动物的形状。

(四)生活用品主题

生活中存在着各种各样的物品,只要有善于观察的双眼和丰富的想象力,也可以用魔尺拧出来,例如电话、蝴蝶结、金字塔、三叶草、麻花、高尔夫球杆等。

四、课程实施

本课程通过探究学习、小组学习、赛事学习等方式开展,共安排十二课时。学生在课前需搜集常见的魔尺图形。教师要制定百变魔尺竞赛的方案与课件。具体实施方法如下:

(一)探究学习

教师先介绍魔尺的结构并熟悉魔尺的拧法,再布置学生利用假期探究和练习十个阿拉伯数字、二十六个英文字母和十五个常见魔尺图的拧法,学生也可以拧出自己喜欢的图形,定期把拧出的魔尺图案与视频发到 Q 群里进行互相学习与分享。

(二) 小组学习

引导学生分成学习小组,以班级为单位在本班按课程内容的四个模块开展专题魔尺表演大会。先让学生分组进行交流与练习,再每组派代表上讲台表演并分享拧法。通过这个方式,每个学生都学会十个阿拉伯数字、二十六个英文字母和十五个常见魔尺图的拧法。同时,激发出比赛速拧魔尺的欲望。

(三) 赛事学习

举行百变魔尺竞赛,检测学生对十个阿拉伯数字、二十六个英文字母和十五个常见魔尺图的拧法的掌握情况与熟练程度,了解学生用魔尺拧出图形的创造能力。竞赛分为初赛和决赛。初赛由各班数学老师负责,老师在十个阿拉伯数字、二十六个英文字母和十五个常见魔尺图中选择十个图形。学生限时拧出图形,在规定时间内拧出正确图形数量多者为胜。每班选出六个孩子,代表班级进入年级决赛。决赛分为代表队赛和全班抢答赛两个环节,代表队赛分为必答题和抢答题。必答题要求每班代表队必须全员在规定时间内拧出课件显示的图形才能得分;抢答题按课程内容四个模块主题出题,代表队需每人拧出该主题的不同图形,再抢答得分。全班抢答赛则是全员参与,在规定时间内拧出指定图形最多的班级得分。两个环节下来得分最高的班级为获胜班级。

五、课程评价

在评价思想上,本课程注重学生在学习过程中的参与度,以学生为主体,注重过程性评价,坚持激励性评价,关注个性特色评价。

本课程采用点赞式的评价方式,教师根据学生在课程学习过程中的表现进行反馈与总结,从以下三个方面评选出"魔尺小达人":一是学习过程中的参与效果,包括上传魔尺图片与视频到 Q 群,小组学习中的合作与分享；二是课程活动中的表达交流，包括上台表演与分享魔尺拧法、小组之间的交流讨论；三是在团队活动中是否积极参与，在讨论中是否能虚心向他人学习，能否主动帮助他人。

具体操作是通过集赞的形式进行自我评价、小组评价和老师评价。获得一个赞为一般，两个赞为表现较好，三个赞为优秀，获得总赞数在三十二个及以上的可评为"魔尺小达人"。具体评价表如下（见表6-1）：

表6-1 "魔尺小达人"评价表

具体项目	自评	小组评	老师评
我能坚持课后练习魔尺并上传魔尺图片与视频	👍👍👍	👍👍👍	👍👍👍
我能拧出10个阿拉伯数字、26个英文字母和15个常见魔尺图	👍👍👍	👍👍👍	👍👍👍
我能积极参与小组学习与班内魔尺表演展示	👍👍👍	👍👍👍	👍👍👍
我能对喜欢的图形自主探索其魔尺拧法	👍👍👍	👍👍👍	👍👍👍

（撰稿人 陈千惠）

课程 6-2 七巧板大比拼

一、课程背景

　　七巧板游戏是一种锻炼创造思维的活动,积极开展这种创造性的实践活动是打开创造之门的金钥匙。在全社会普遍关注创造教育的今天,七巧板游戏的出现受到了众多科学家和教育家的广泛赞誉。中国科技馆原馆长、中国青少年科技辅导员协会名誉副理事长张泰昌教授指出:"青少年科技普及事关科学的希望,国家的兴旺,智力七巧板虽小,小东西见大道理,将在青少年幼小的心灵,激起创造的火花。"因此,开展拼摆七巧板活动,根据老师提供的图案模仿拼摆出图案,能让二年级学生在活动中积累数学经验,打破定势,转换思维,展开想象,对提高学生的动手操作能力,培养学生的观察能力都有很大的帮助。学生能用语言正确表述自己拼的图案所用的图形,并且在相互表达、评价和交流中,提高探究兴趣和探究能力,获得学习的自信。

　　本课程的理念是"数学好玩,玩好数学",旨在让学生用七巧板摆出不同图形的过程中,开发学生的想象力、创造力和观察力,培养空间思维能力,提高动手动脑的能力,激发学习数学的兴趣。

　　适合对象:二年级学生。

二、课程目标

　　1. 深入了解七巧板中各种图形之间的联系,掌握拼摆七巧板的一些基本方法。

　　2. 了解六十个常见七巧板拼图的拼法,选取其中二十个拼图熟练拼法,能在二十秒内拼出一个图。

3. 激发对拼图游戏的兴趣,培养空间想象能力和创造性思维能力,发展实际操作能力。

三、课程内容

本课程以"主动学习和探究各种七巧板拼图"为主题,内容分为四个模块。

（一）数字与字母主题

"0—9"十个阿拉伯数字与二十六个英文字母都可以用七巧板拼出而且比较简单,学生比较容易上手,速度也能迅速提升,有助于增强学生玩七巧板的信心。

（二）人物图形主题

人物图形的各种动作,如站立、踢腿、坐等都可以有不同的摆法。

（三）动物主题

孩子们都有自己喜欢的动物,很多动物都能用七巧板拼出来,例如小狗、长颈鹿、兔子、老鼠、骆驼等。本模块内容需要学生在对拼七巧板达到一定的熟练程度以及掌握方法后,发挥想象力用七巧板创造出各种动物的形状。

（四）生活用品主题

生活中存在着各种各样的物品,只要有善于观察的眼睛和想象力,也可以用七巧板摆出这些物品来,例如房子、船、金字塔、杯子等。

四、课程实施

本课程通过课堂学习、小组学习、赛事学习等方式开展。学生需每人准备一副七巧板。教师在课前需搜集常见的七巧板图形。本课程共安排十二课时。具体实施方法如下：

（一）课堂学习

教师先介绍七巧板的结构及七巧板中各种图形之间的联系,为后面的七巧板拼图打下基础。教师按内容主题出示一些七巧板拼图范例给学生欣赏，并让学生尝试拼摆。学生通过自由拼摆，用有限的七巧板创新出无穷的图形，提高创新能力与合作能力。前面的范例在学习中只能起抛砖引玉的作用，关键还是靠学生自己创新。

（二）小组学习

教师引导学生分组进行交流与分享六十个常见七巧板图案的拼法，互相出题锻炼拼图的速度，每人选取其中二十个拼图熟练拼法。

（三）赛事学习

每组选出一名代表参加班内的七巧板速拼比赛，由教师出题，在六十个常见七巧板拼图中选出十题图案的背影，要求代表们用七巧板限时还原图案，拼对者均得十分，速度最快者再加十分，拼错者不扣分。每组代表所获分数即组内每人所得的分数，按分数高低评选出班级七巧板速拼比赛一、二、三等奖各一组。

五、课程评价

在评价思想上，本课程注重学生在学习过程中的积极参与，以学生为主体，注重过程性评价，坚持激励性评价，关注个性特色评价。

本课程采用点赞式的评价方式，教师根据学生在课程学习过程中的表现进行反馈与总结，从以下三个方面评选出"七巧板小能手"：一是拼摆过程中的参与程度；二是课程活动中的表达交流，包括上台表演与分享、小组之间的交流讨论；三是在团队活动中是否积极参与，在讨论中能否虚心向他人学习，并是否能主动帮助他人。

具体操作是通过集赞的形式来进行自我评价、小组评价和老师评价，获得一个赞为一般，两个赞为表现较好，三个赞为优秀，获得总赞数在三十二个及以上的可评为班级的"七巧板小能手"。具体评价表如下（见表6-2）：

表6-2 "七巧板小能手"评价表

具体项目	自评	小组评	老师评
我能坚持课后练习拼摆七巧板给家长看	👍👍👍	👍👍👍	👍👍👍
我能拼出3种数字或字母、3种人物动作、3种动物和3种生活用品	👍👍👍	👍👍👍	👍👍👍
我能积极参与小组学习	👍👍👍	👍👍👍	👍👍👍
我能对喜欢的图形自主探索与众不同的图案	👍👍👍	👍👍👍	👍👍👍
我能快速拼出指定图案	👍👍👍	👍👍👍	👍👍👍

（撰稿人　兰小红）

课程 6-3 小小理财师

一、课程背景

在以经济建设为中心的今天,理财能力是现代社会每个人都必须具备的基本素质,理财教育对于家庭、学校、社会来说,是个应该加以重视和关注的现实问题。本课程要求六年级学生结合在数学课堂上掌握的存款知识与课外金融讲座所学的知识,给自己设计一份合理、可行的理财方案,为自己六年后上大学的学费做准备,并有机会亲自到银行进行实践。本课程让学生切实地在做中学、在做中悟,从纸上谈兵的设计方案到在实践中不断完善方案,并有机会亲自到银行实践了解银行的运作,同时模拟银行工作人员向自己的家长介绍设计的方案,真正地提高学生的应用意识和实践能力。

本课程的理念是"理财,从我做起",旨在让学生在做理财方案的过程中训练解决问题的能力、口语表达能力、信息整合能力等,形成善于理财的品质与能力,养成合理消费与理财的习惯,提高理财的能力。

适合对象:六年级学生。

二、课程目标

1. 了解各种理财产品及其收益,设计一份符合自己的合理存款方案。

2. 学会科学理财,养成合理消费与理财的习惯,培养善于理财的意识。

三、课程内容

本课程内容源自人教版义务教育教科书数学六年级下册第二单元《百分数（二）》第十六页"生活与百分数"的综合实践活动的延伸与拓展，内容分为四个模块。

（一）学习利息与复利

围绕数学教材中有关利息的教学内容，学习"利息＝本金×利率×存期"的计算公式，了解复利的计算方式，会解决求利息、求复利的实际问题。

（二）了解常用的理财方式及其收益的计算方式

了解整存整取、零存整取、活期存款、国债、保本理财、非保本理财这几款常用的理财方式以及对应的收益率，会计算这些理财方式的收益。

（三）认识银行的风险评估

国家规定在银行购买理财产品之前必须先进行风险评估，目的是协助你了解自身的风险承受力、理财方式及投资目标，以便选择更合适的金融产品。银行的风险评估表要满十八周岁的成年人才能填写，这里会通过一些符合六年级学生认知水平的一些模拟题来让学生体会风险评估的过程。

（四）认识贷款与信用卡

合理理财除了会选择合适自己的理财产品挣取收益外，贷款与信用卡也是常用的理财工具，小学生尽早了解贷款与信用卡很有必要。本模块会简单介绍什么是贷款、信用卡，贷款与信用卡的种类及作用。

四、课程实施

本课程通过小组学习、讲座学习、赛事学习、实践学习等方式开展。教师要提前跟银行联系好合作事宜。具体实施方法如下：

（一）小组学习

引导学生分成学习小组，了解常用的理财方式并调查各种理财方式的最新利率，了解每次利率调整背后存在的国家经济状况和政策的变化，把找到的资料整理好，再在课堂上分组汇报。

（二）讲座学习

邀请银行经理对全级学生开展理财讲座，介绍活期存款、定期存款、国债、保本理财产品、非保本理财产品的收益与风险。通过介绍，让学生明白在实际生活中设计理财方案既需要考虑收益也要考虑风险，同时了解自身的风险评估及对应的投资者类型，以便做出适合自己的理财方案。

（三）赛事学习

开展"小小理财师规划大赛"，学生结合讲座所学，跟家长一起完成一份风险评估表，再给自己设计一份理财方案，为自己六年后上大学的学费做准备。每个学生完成理财方案的设计后，交由银行经理做出专业的评审，从中评选出十名"最佳小小理财师"和十名"优秀小小理财师"。接下来银行经理再开一次全级讲座，分析学生们的理财方案，学生再次学习并反思如何设计一份合理的理财方案。

（四）实践学习

组织部分获奖学生与家长一起到银行进行实践，学生在银行经理的带领下可参观银行的各个部门了解其运作，接受柜员、大堂经理、理财经理、银行行长各个岗位的培训并模拟实践，还可以模拟理财经理向家长介绍并解释自己的理财方案。

五、课程评价

在评价思想上，本课程注重学生在学习过程中的积极参与，以学生为主体，注重过程性评价，坚持激励性评价，关注个性特色评价。

本课程采用点赞式的评价方式，教师根据学生在课程学习过程中的表现以及理财方案的成绩进行反馈与总结，从以下三个方面评选出"小小理财师"：一是学习过程中的参与效果，包括小组学习中的合作与分享、课程活动中的表达交流；二是理财讲座与竞赛的表现，包括讲座上是否认真听讲、积极发言以及理财方案的设计；三是在团队活动中是否积极参与，在讨论中能否虚心向他人学习，并能否主动帮助他人。

具体操作是通过集赞的形式来进行自我评价、小组评价和老师评价。获得一个赞为一般，两个赞为表现较好，三个赞为优秀，获得总赞数在四十个及以上的可评为年级的"小小理财师"。具体评价表如下（见表6-3）：

表6-3 "小小理财师"评价表

具体项目	自评	小组评	老师评
我能认真调查各种理财方式及其收益率	👍👍👍	👍👍👍	👍👍👍
我能准确计算各种理财方式的收益	👍👍👍	👍👍👍	👍👍👍
我能积极参与小组学习与汇报	👍👍👍	👍👍👍	👍👍👍
我能认真听讲座，会对自己进行风险评估	👍👍👍	👍👍👍	👍👍👍
我会结合自身情况设计合理的理财方案	👍👍👍	👍👍👍	👍👍👍

（撰稿人　陈千惠）

课程 6-4

解题能手

一、课程背景

《小学数学课程标准(2011 版)》指出,应注重发展学生的模型思想和应用意识,即要求学生一方面能有意识地利用数学的概念、原理和方法解释现实世界中的现象,解决现实世界中的问题;另一方面,能认识到现实生活中蕴涵着大量与数量和图形有关的问题,这些问题可以抽象成数学问题,用数学的方法予以解决。因此,在五年级的数学教材中有非常丰富的关于"问题解决"的例题和习题,要求五年级的学生能够解决一些简单的实际问题。通过这些内容的学习,学生能够更好地掌握基础知识,提高分析和解决问题的能力,初步形成模型思想,培养数学的应用意识。

本课程的理念是"用数学的思维分析世界",旨在从学生的实际情况和学习能力出发,让学生能够更扎实地掌握所学的内容,提高孩子分析和解决问题的能力,激发学生学习数学的兴趣,开拓学生的数学思维,培养数学的应用意识。

适合对象:五年级学生。

二、课程目标

1. 熟练掌握所学的知识来解决问题,能在十分钟内完成十题。

2. 提高分析和解决问题的能力,培养应用数学的意识,增强学好数学的自信心。

三、课程内容

本课程内容根据五年级上册数学教材中有关解决问题的知识进行拓展,分为以下四个模块。

（一）巧用小数乘法

1. 解决小数倍的问题。例：非洲野狗的最高速度是 56 千米/时,鸵鸟的最高速度是非洲野狗的 1.3 倍。鸵鸟的最高速度是多少千米/时?

2. 用估算解决实际问题。例：妈妈带 100 元去超市购物。妈妈买了 2 袋大米,每袋 30.6 元。还买了 0.8 千克肉,每千克 26.5 元。剩下的钱还够买一盒 10 元的鸡蛋吗? 够买一盒 20 元的吗?

3. 分段收费问题。例：收费标准为 3 千米以内 7 元;超过 3 千米,每千米 1.5 元(不足 1 千米按 1 千米计算)。行驶里程 6.3 千米,我要付多少钱?

（二）神奇的小数除法

1. 用"进一法"解决实际问题。例：小强的妈妈要将 2.5 千克香油分装在一些玻璃瓶里,每个瓶最多可盛 0.4 千克,需要准备几个瓶?

2. 用"去尾法"解决实际问题。例：王阿姨用一根 25 米长的红丝带包装礼盒。每个礼盒要用 1.5 米长的丝带,这些红丝带可以包装多少个礼盒?

3. 两或三步的应用题。例：张燕家养的 3 头奶牛上周的产奶量是 220.5 千克,每头奶牛一天产奶多少千克?

（三）多边形的世界

自然界和生活中存在着各种多边形,经常需要利用多边形的面积公式来解决实际问题。例一：平行四边形花坛的底是 6 米,高是 4 米,它的面积是多少? 例二：我国三峡水电站大坝横截面的一部分是梯形,求它的面积。

（四）走进方程

1. "比多少"问题。例：猎豹是世界上跑得最快的动物,速度能达到每小时110千米,比大象的2倍还多30千米,大象最快能达到每小时多少千米?

2. 和倍问题和差倍问题。例一:橘树和梨树共有150棵,橘树棵数是梨树的2倍,橘树和梨树各有几棵?例二:爸爸的年龄比儿子大32岁,是儿子年龄的9倍,爸爸和儿子各多少岁?

3. 行程问题。例:两辆汽车同时从相距237千米的两个车站相向开出,经过3小时辆车相遇。一辆汽车每小时行38千米,另一辆汽车每小时行多少千米?

四、课程实施

本课程通过情境学习、小组学习、赛事学习等方式开展,共需要十一课时,具体实施方法如下:

(一)情境学习

在学生熟悉的生活情境中学习知识,如在学校或家庭中寻找多边形或组合图形,并计算面积;用实际的购物情节,让学生体验"去尾法"解决实际问题等。

(二)小组学习

引导学生分成学习小组,首先布置学生根据课程内容整理出常见的题型,形成题库;其次布置每个小组进行自主编题,利用早午读时间让全班一起做每个小组编的题目;最后让负责编题的小组做小老师进行讲评,其他小组可以提问。通过小组整理题库、自主编题、自主讲评、交流讨论,提高学生分析和解决问题的能力,培养应用数学的意识。期末进行梳理,整理出经典、易错等题型,编写小组数学解题小报。

(三)赛事学习

1. 每一模块学习完后,进行模块小测,检测学生对每一模块的掌握情况。模块小测包括五题解决问题,要求学生10分钟内完成,满分100分,由老师批改。

2. 期末举行解题能手比赛,了解学生对课程内容的掌握情况。比赛要求学生在 10 分钟内完成十题两或三步的解决问题,满分 100 分,由老师批改,根据分数高低评选出解题能手。比赛一等奖约占年级人数的 5%,二等奖约占年级人数的 10%,三等奖约占年级人数的 15%。

五、课程评价

本课程的评价关注个体的处境和需要,注重以学生为主体,坚持激励性评价,关注个性特色评价。

本课程采用量表式的评价方式,教师根据学生在课程学习过程中的表现以及笔试成绩进行反馈与总结,通过打分的形式进行评价,满分 100 分,总分在 90 分及以上的可评为年级的"解题能手"。具体评价表如下(见表 6-4):

表 6-4 "解题能手"评价表

评价要素		评价方式	得分
课堂表现(10 分)	能否认真听课、认真思考、积极回答问题;思维是否活跃;语言表达是否清晰完整;有没有合作意识	各小组长做好对小组成员的发言记录表现,小组内打分互评	
作业完成(10 分)	能够独立、正确、按时且高质量地完成课内外有关解题的作业;及时订正作业中的错题,主动请老师再次批改;建立错题集,对出错的问题做好整理和分析	由教师批改打分	
小组学习(10 分)	能与小组合作进行自主编题,能根据每个模块的内容各编 2 道题目并讲解;能积极参与小组活动以及小组之间的交流讨论;能合作整理、编写出小组数学解题小报	通过数学小报的展评,生互评、小组评等方式进行	
模块过关(10 分)	能熟练掌握所学的知识来解决问题,能在 10 分钟内完成 5 题相应模块的解决问题	各次模块小测成绩总和的 10% 计入	
解题比赛(60 分)	能熟练掌握所学的知识来解决问题,能在 10 分钟内完成 10 题两或三步的解决问题	以解题能手比赛成绩的 60% 计入	
总分			

(撰稿人 庞小青)

课程 6-5

口算大师

一、课程背景

我国基础教育数学课程一直将运算作为主要内容,运算能力的培养是我国数学教育的重要特征之一,几十年来一直是我国数学教育界关注的焦点。有别于《义务教育数学课程标准(实验稿)》,这次《义务教育数学课程标准(2011版)》明确提出对"运算能力"的要求,显然把计算摆在了相当重要的地位。《义务教育数学课程标准(2011版)》指出:"运算能力主要是指能够根据法则和运算律正确地进行运算能力。培养运算能力有助于学生理解运算的算理,寻求合理简介的运算途径解决问题。"

因此,在四年级的数学教材中有非常丰富的与计算有关的例题和习题,要求四年级的学生掌握必要的运算技能。通过本课程的学习,学生能够更好地掌握数学的概念、公式、运算法则与定理,做到善于分析运算条件,选择合理简便的运算方法,从而提高运算能力。

本课程的课程理念是"加减乘除智慧多",旨在提高学生的口算能力,培养良好的计算习惯,激发学生学习数学的兴趣,训练学生思维的灵活性与敏捷性,提升学生的数学素养。

适合对象:四年级学生。

二、课程目标

1. 熟练掌握本学期所学的有关计算的知识,并能在10分钟内完成40题一步或多步的计算题。

2. 提高计算的正确率与速度,培养良好的计算习惯,提高数感和符号感。

三、课程内容

本课程内容根据四年级两册数学教材中有关计算的知识拓展而来，分为以下四个模块。

（一）走进括号的世界

含有括号的四则混合运算是小学计算中很重要的一个部分，本模块要求学生能够先判断出运算顺序再进行计算，内容包括两种类型计算：

1. 不含括号的两级运算，例：$35 + 45 \div 5$、$20 \times 0 + 29$、$16 \times 0 \div 8$

2. 含有括号的运算，例：$72 \times (38 \div 38)$、$(21 - 21) \times 7$、$(118 + 22) \div 7$

（二）神奇的简算

简便计算是一种特殊的计算，它运用了运算定律与数字的基本性质，从而使计算简便，使一个很复杂的式子变得容易。本模块内容包括五种类型计算：

1. 加法交换律和结合律，例：$56 + 42 + 44$、$(74 + 13) + 87$、$25 + 75 + 63$

2. 减法的性质，例：$245 - (145 + 63)$、$100 - 87 - 13$、$870 - 240 - 160$

3. 乘法交换律和结合律，例：$25 \times 29 \times 4$、$5 \times 23 \times 20$、$125 \times 9 \times 8$

4. 乘法分配律，例：101×23、$16 \times 99 + 16$、$12 \times 6 + 12 \times 4$、$(8 + 4) \times 25$

5. 除法的性质，例：$500 \div 25 \div 4$、$450 \div (9 \times 2)$

（三）小数点搬家

小数点搬家即是小数点的位置移动引起小数大小的变化，这一规律既是小数乘除法计算的理论依据，又是复名数与小数相互改写的重要基础。本模块将学习移动小数点的方法，例题如下：

1. 小数点左移：$124.5 \div 100$、$0.125 \div 10$、$3.2 \div 1\,000$、$16 \div 1\,000$

2. 小数点右移：3.47×10、0.357×100、$0.78 \times 1\,000$

3. 混合运算：2.73÷100×1 000、3.68×100÷10

（四）有趣的单位换算

小数在日常生活中有着非常广泛的应用，单位换算更能体现小数与日常生活的联系。本模块将学习换算的方法，例：7.2 m =（   ）dm、1 640 dm² =（   ）m²、3 kg800 g =（   ）kg、1元3分 =（   ）元

四、课程实施

本课程通过情境学习、小组学习、赛事学习等方式开展，共需要十一课时，具体实施方法如下：

（一）情境学习

让学生在熟悉的生活情境中学习知识，如通过按照身高排队来学习有关单位换算和小数点移动的计算。

（二）小组学习

引导学生分成学习小组，首先布置学生根据课程内容整理出常见的题型，形成题库；然后再布置每个小组进行自主编题，利用早午读时间让全班一起做每个小组编的题目；最后让负责编题的小组做小老师进行讲评，其他小组可以提问。通过小组整理题库、自主编题、自主讲评、交流讨论，提高学生的运算能力，培养数感和符号感。期末进行梳理，整理出经典及易错题型，编写小组计算数学小报。

（三）赛事学习

1. 每一模块学习完后，进行模块小测，检测学生对每一模块的掌握情况。模块小测包括四十题一步或多步的计算题，要求学生十分钟内完成，满分一百分，由老师批改。

2. 期末举行口算大师比赛，了解学生对课程内容的掌握情况。比赛要求学生在10分钟内完成四十题一或两步的计算题，满分100分，由老师批改，根据分数高低评选出口算大师。比赛一等奖约占年级人数的5％，二等奖约占年级人数的10％，三等奖约占年级人数的15％。

五、课程评价

本课程的评价关注个体的处境和需要,注重以学生为主体,坚持激励性评价,关注个性特色评价。采用量表式的评价方式,教师根据学生在课程学习过程中的表现以及笔试成绩进行反馈与总结,通过打分的形式由学生和老师进行评价,满分 100 分,总分在 90 分及以上的学生可评为年级的"口算大师"。具体评价表如下(见表 6-5):

表 6-5 "口算大师"评价表

评价要素		评价方式	得分
课堂表现 (10分)	能否认真听课、认真思考、积极回答问题;思维是否活跃,语言表达是否清晰完整;有没有合作意识	各小组长做好对小组成员的发言记录表现,小组内打分互评	
作业完成 (10分)	能够独立、正确、按时且高质量地完成课内外有关计算的作业;及时订正作业中的错题,主动请老师再次批改;建立错题集,对出错的问题做好整理和分析	由教师批改打分	
小组学习 (10分)	能与小组合作进行自主编题,能根据每个模块的内容各编 2 道题目并讲解;能积极参与小组活动以及小组之间的交流讨论;能合作整理、编写出小组数学计算小报	通过数学小报的展评,生互评、小组评等方式进行	
模块过关 (10分)	能在 10 分钟内完成 40 道相应模块的一步或多步的计算题	各次模块小测成绩总和的 10%计入	
口算比赛 (60分)	能在 10 分钟内完成 40 道一步或多步的计算题	以口算大师比赛成绩的 60%计入	
总分			

(撰稿人　刘海霞)

后
记

阳春三月，红棉绽放，朵朵向阳；夏日炎炎，绿叶苍翠，朝气蓬勃；秋风萧瑟，绿叶凋零，坚忍不拔；寒冬腊月，虬枝苍劲，积蓄力量，以待薄发。这就是红棉，广州市的市花，极具阳刚之美。红棉自古就是文人墨客歌以咏志的对象，杨万里有"姚黄魏紫向谁赊？郁李樱桃也没些。却是南中春，满城都是木棉花"（《三月一十雨寒》）；刘克庄写下"春深绝不见妍华，极目黄茅际白沙。几树半天红似火，居人云是木棉花"（《潮惠道中》）；屈大均赞誉更是酣畅淋漓、雄奇绚丽，"十丈珊瑚是木棉，花开红比朝霞鲜。天南树树皆烽火，不及攀枝花可怜。南海祠前十余树，祝融旌节花中驻。烛龙衔出似金盘，火凤巢来成绛羽"（《南海神祠古木棉花歌》）。红棉，是阳光向上、坚忍不拔的文化精神的代言。

下沙小学的两株百年木棉，象征着每个阳光向上的孩子，"红棉花季课程"应运而生，"红棉精神"注入每个孩子的血液中，流淌在每个孩子的生命里，铸就了孩子的血肉之躯。

红棉树下，武术队员身板矫健，足球队员英姿飒爽，乒乓球员身手敏捷；红棉树下，制作红棉十花，观察鸟雀，探索科学的奥秘；红棉斋里，学书法、习茶文化、诵经典，传承中华民族的文化精粹；大树舞台上，雄浑的管乐、悠扬的葫芦丝、婀娜的舞蹈、稚嫩的童声，奏出一曲曲红棉的赞歌……红棉树下，一朵朵阳光向上的"红棉"，向"好品格、好体魄、好习惯、好科学、好思维、好书法、好口才、好文章、好才艺、好外语"迈进，为生命奠基，为人生增色。

几场春雨，落红无数。如果说朵朵红棉，象征阳光向上的孩子，那么，落花不正是老师吗？"落红不是无情物，化作春泥更护花。"红棉树下，下沙小学的教师们兢兢业业、无私奉献。从"红棉花季"系列课程的出现到成长，到实施，凝结了多少下沙人的心血。正是每一位下沙人的呕心沥血，"上下求索，积沙成塔"的文化积淀，才沉淀了这本《聚焦育人目标的课程设计：红棉花季课程的愿景与追求》。在此对他们表示深切的敬意,感谢上级部门领导对学校发展给予的关心和支持,为学校的整体变革提供了坚实的保障;感谢上海市教育科研院的杨四耕教授团队的专业指导,大至课程的整体架构,小至课程纲要的撰写,都有杨教授的谆谆引导,字字珠玑,带给我们启迪;感谢全体教师为学校课程发展共同付出的辛勤劳动,特别是课程开发者、负责人和课程成果的撰稿人,为此书付出的心血。

红棉枝头,一朵朵小红棉含苞待放。"红棉花季课程"是阳光,是雨露,是土壤,是肥料,滋润它茁壮成长,灿烂绽放;更是狂风,是骤雨,历练它百折不挠。"教你六年,看你十年,想你六十年。"期望"红棉花季"系列课程打亮每一朵红棉的人生底色,使之受用终身,朵朵绽放,阳光向上。

谢月明

2018 年 10 月

学校课程深度变革丛书

书名	ISBN	定价	出版时间
进入学科深处的六个秘密	978-7-5675-5810-6	28.00	2016年12月
新美课程:演绎生命之诗	978-7-5675-7552-3	48.00	2018年5月
跨界学习:学校课程变革的新取向	978-7-5675-7612-4	34.00	2018年6月
以学习为中心的课程实施	978-7-5675-7817-3	48.00	2018年8月
聚焦学习的课程评估:L-ADDER课程评估工具与应用	978-7-5675-7919-4	40.00	2018年11月
学科核心素养与学科课程群	978-7-5675-8339-9	48.00	2019年1月
大风车课程:童趣与想象	978-7-5675-8674-1	38.00	2019年3月
蒲公英课程:综合实践活动课程的校本创意与深度	978-7-5675-8673-4	52.00	2019年3月
MY课程:叩响儿童心灵	978-7-5675-7974-3	39.00	2018年10月
课程实施的10种模式	978-7-5675-8328-3	45.00	2019年1月
聚焦式课程变革:制度设计与深度推进	978-7-5675-8846-2	36.00	2019年4月
以素养为核心的学科课程图谱	978-7-5675-9041-0	58.00	2019年4月
全经验课程:在地文化与实践演绎	978-7-5675-8957-5	54.00	2019年6月

课堂教学转型丛书

书名	ISBN	定价	出版时间
上一堂灵魂渗着香的课	978-7-5675-3675-3	36.00	2015年8月
把课堂打造成梦的样子	978-7-5675-3645-6	26.00	2015年8月
整个世界都是教室	978-7-5675-5007-0	22.00	2016年6月
寻找课堂教学的文化基因	978-7-5675-5005-6	22.00	2016年5月
课堂是一种态度	978-7-5675-3871-9	28.00	2015年10月
给孩子最美好的东西	978-7-5675-4200-6	30.00	2015年11月

把每一个孩子深深吸引	978-7-5675-4150-4	24.00	2016年1月
每一间教室都有梦	978-7-5675-4029-3	30.00	2015年10月
课堂,可以春暖花开	978-7-5675-3676-0	24.00	2015年10月
课堂,与美相遇的地方	978-7-5675-5836-6	24.00	2017年1月
赴一场思想的盛宴	978-7-5675-5838-0	28.00	2017年1月
突破平面学习:神奇的"南苑学习单"	978-7-5675-5825-0	29.00	2017年1月
让学习看得见:"226"教改实验研究	978-7-5675-6214-1	32.00	2017年4月
每一种意见都很重要:"责任课堂"的维度与操作			
	978-7-5675-6216-5	30.00	2017年4月

品质课程丛书

活跃的课程图景	978-7-5675-6941-6	42.00	2017年11月
课程情愫:学校课程发展的另类维度	978-7-5675-7014-6	42.00	2017年11月
突破大杂烩:有逻辑的学校课程变革	978-7-5675-6998-0	52.00	2017年11月
课程群:学习的深度聚焦	978-7-5675-6981-2	45.00	2017年11月
嵌入式课程:特色课程的路径和方略	978-7-5675-6947-8	42.00	2017年11月

课堂教学新样态

一百个孩子,一百个世界:基于差异的教学变革			
	978-7-5675-6810-5	32.00	2017年10月
让课堂洋溢生命感:L-O-V-E教学法的精彩演绎			
	978-7-5675-6977-5	32.00	2017年11月
课堂如诗:"雅美课堂"的姿态	978-7-5675-7219-5	36.00	2018年3月
近处无教育	978-7-5675-7536-3	32.00	2018年3月
课堂,与美最近的距离	978-7-5675-7486-1	32.00	2018年4月
课堂,涵养生命的园圃	978-7-5675-7535-6	36.00	2018年6月

协同教学:意蕴与智慧	978-7-5675-8163-0	42.00	2018年9月
课堂不是一个盒子	978-7-5675-8004-6	38.00	2019年1月
在教室里眺望世界:基于BYOD的教学方式变革			
	978-7-5675-8247-7	48.00	2019年3月

特色学校聚焦丛书

每一个孩子都是一棵树	978-7-5675-6978-2	28.00	2018年1月
教育不是一个人的事:"众教育"36条	978-7-5675-7649-0	32.00	2018年8月
不一样的生命,一样的精彩	978-7-5675-8675-8	34.00	2019年3月
童味正醇:特色学校的文化图谱	978-7-5675-8944-5	39.00	2019年8月
特色普通高中课程建设探索	978-7-5675-9574-3	34.00	2019年10月